Tödliche Häuser

AF271820

Neue erweiterte und überarbeitete Ausgabe

Original Ces maisons qui tuent von Roger de Lafforest 1972

übersetzt von Bernd Wollsperger

EDITION SEVEN RITES, Nürnberg

2. Ausgabe Februar 2025

ROGER DE LAFFOREST

Tödliche Häuser

Neue erweiterte und überarbeitete Ausgabe

Original Ces maisons qui tuent von Roger de Lafforest 1972

übersetzt von Bernd Wollsperger

EDITION SEVEN RITES, Nürnberg

2. Ausgabe Februar 2025

Impressum

Bibliografische Information der Deutschen Nationalbibliothek:
Die Deutsche Nationalbibliothek verzeichnet diese Publikation in der Deutschen
Nationalbibliografie; detaillierte bibliografische Daten sind im Internet über
http://dnb.dnb.de abrufbar.

© 2025 Roger de Lafforest, Bernd Wollsperger

Verlag: BoD · Books on Demand GmbH, In de Tarpen 42,
22848 Norderstedt, bod@bod.de
Druck: Libri Plureos GmbH, Friedensallee 273, 22763 Hamburg

ISBN: 978-3-8482-6588-6

Inhalt

Kapitel I

GEFAHREN IM FREIEN

Das spezifisch Menschliche ist nicht das freie Leben in Freiheit, sondern das freie Leben in einem Gefängnis.

Curzio Malaparte, Fughe in prigione

Der Mensch ist das verletzlichste aller Tiere. Er hat keinen Panzer, kein Fell, keine dicke Haut. Er ist so nackt wie ein Regenwurm, so zerbrechlich wie eine Mücke. Er ist das ideale Ziel für den großen Organisator aller Katastrophen, denn er ist das einzige Opfer, das sich seiner Opferrolle bewusst ist. Mit Intelligenz und Einfallsreichtum versucht er, seinem Schicksal als Beute zu entkommen - was die nicht enden wollende Menschenjagd der Natur nur noch pikanter macht.

Paradoxerweise sind die Katastrophen, in denen der Mensch die größten Überlebenschancen aufweist, die, die er selbst verursacht: Autounfälle und Kriege. Dies wird durch Statistiken belegt.

Eingeschlossen in Eierschalen, die man Autos nennt, rasen deren Fahrer in beiden Richtungen aneinander vorbei und schlängeln sich mit einem Sicherheitsabstand von nur wenigen Zentimetern durch den schnellen, dichten Verkehr. Wenn man dann noch bedenkt, dass sich keiner der Spieler an die Regeln dieses verrückten, gefährlichen Spiels hält, liegt die Vermutung nahe, dass es am Ende nur wenige Überlebende geben kann. Aber die Statistik zeigt, dass zwar täglich Millionen von Verrückten dieses Spiel spielen, aber jedes Jahr *nur* ein paar Tausend getötet werden, was bedeutet, dass ein Mann, der auf einer Autobahn fährt, keine größere Chance hat eines gewaltsamen Todes zu sterben, als den Hauptpreis in einer nationalen Lotterie zu gewinnen.

In Frankreich werden jedes Jahr fünfzehntausend Menschen bei Autounfällen getötet. *Nur* fünfzehntausend. Und die Zahl ist irreführend, denn die von Autos angefahrenen Fußgänger werden mitgerechnet. Wenn man bedenkt, dass Hunderte von Millionen Menschen im Laufe eines Jahres ihr Glück bei diesem tödlichen Spiel versuchen, weist die Zahl der Opfer einen sehr geringen Prozentsatz auf, der für den Männersport - zu dem sich die Wochenendausflüge entwickelt haben – ein keineswegs unannehmbares Risiko darstellt. Billard oder Krocket zu spielen ist nicht viel sicherer.

Was für ein Gemetzel würde es geben, wenn die Menschen mit der gleichen rücksichtslosen Unbekümmertheit den feindlichen Kräften der Natur begegnen würden! Aber zum Glück erfinden sie immer wieder Dinge wie Impfstoffe gegen Epidemien, Deiche gegen Überschwemmungen, elastische Häuser gegen Erdbeben, Blitzableiter gegen Blitze, Silos und Konservenfabriken gegen Hungersnöte, Pillen gegen Überbevölkerung und Religionen gegen Verzweiflung.

Kriege lehren die gleiche paradoxe und beruhigende Lektion. Es ist erstaunlich, dass eine Armee Tonnen von Metall, Sprengstoff, Giftgas, Erdöl und wer weiß was noch alles benötigt, um einen Menschen zu töten. Wenn dann das Inferno des Krieges vorbei ist, stellt sich heraus, dass es viel mehr Überlebende als Opfer gibt! Organisiertes, kollektives Morden ist eine ineffiziente Angelegenheit. Nicht einmal die Atombombe ist effizient, wenn man ihre hohen Kosten bedenkt. Der Schrecken, den sie in uns auslöst, rührt daher, dass sie das Werk von Menschen ist; aber Erdbeben, Flutwellen, Hungersnöte, Epidemien, Überschwemmungen und Insekten können auf viel wirtschaftlichere Weise viel mehr Menschen töten.

Abgesehen von großen Naturkatastrophen ist der Mensch ständig den Angriffen des Klimas, der Elemente und seiner Umgebung ausgesetzt. Darüber hinaus muss er mit der ständigen Feindseligkeit unsichtbarer Kräfte fertig werden, die vom Himmel herabregnen oder aus der Erde aufsteigen. Die Natur ist für ihn ein wahrhaft tödlicher Feind. Wenn er behauptet, ein "Naturist" zu sein, meint er das nur teilweise oder oberflächlich - oder er sagt es nur aus dem Wunsch heraus dem Zeitgeist zu entsprechen. Tatsache ist, dass er zum Überleben Kleidung und eine Behausung benötigt.

Andere Tiere sind da widerstandsfähiger, aber wenn der Mensch sich von ihnen abheben will und aus der Barbarei herauskommen möchte, kann er sich nur retten, indem er dem Beispiel der Schnecke folgt. Eine Behausung ist seine einzige Zuflucht, sein einziger wirklicher Schutz. Um sicher zu sein, benötigt er etwas wie ein Dach und vier Wände.

Die Vorstellung, "unter dem Sternenhimmel" zu schlafen, mag schön und romantisch sein, aber die Realität, auf der sie beruht, ist weitaus weniger attraktiv. Wer nachts unter freiem Himmel schläft, ist allen möglichen kosmischen und tellurischen Strahlungen in ihrem Rohzustand schutzlos ausgeliefert. Ich möchte jedoch klarstellen, dass diese Gefahr nur durch die Kombination von Schlaf, Nacht und fehlendem Schutz entsteht. Wenn Sie nachts im Freien wach sind, ist die Gefahr viel geringer und es ist völlig ungefährlich, tagsüber ein Nickerchen im Freien zu machen - vorausgesetzt natürlich, Sie liegen nicht im Schatten eines bösartigen Baumes. Aber nachts erfolgt ein heftiges Bombardement durch unsichtbare Kräfte - geistige, physische, elektrische und magnetische - und ein Schläfer im Freien ist ihnen gegenüber extrem verletzlich und ausgeliefert.

Die Überlebenden hatten alle ihren Kopf bedeckt

Ein befreundeter amerikanischer Arzt, mit dem ich über die Gefahren des Schlafens im Freien bei Nacht diskutierte, erzählte mir, dass er einmal furchterregende Gelegenheit hatte, meine Meinung zu verifizieren.

Es war Ende des Zweiten Weltkriegs in Deutschland. Er war für ein Feldlazarett verantwortlich, das die vorrückenden Einheiten von Pattons Armee versorgte. Eines Tages schlug er die Zelte seines kleinen Krankenhauses in der ehemaligen Stadt Pforzheim auf, jetzt eine Wüste aus Ruinen, in der nicht eine einzige heile Mauer stehen geblieben war.

Infolge eines Bombardements oder einer mörderischen Schlacht in seinem Sektor musste er an diesem Tag einen starken Zustrom von Verwundeten verzeichnen. Es gab keinen Platz mehr in den Zelten. Patienten, die mehr als nur eine Notfallbehandlung benötigten, konnten erst am nächsten Tag ins Hinterland evakuiert werden, da es unmöglich war, vorher einen Konvoi zu organisieren, so dass man keine andere Wahl hatte, als dreiundzwanzig Männer draußen schlafen zu lassen. Es war eine Nacht im Vorfrühling - noch ein wenig kühl, aber schön klar. Es herrschte kein Mangel an Betten und Decken. Da die dreiundzwanzig Männer verbunden, warm eingepackt und gut versorgt waren und - vor allem unter den am wenigsten schwer Verwundeten ausgewählt worden waren - hätten sie eigentlich ohne Probleme eine Nacht im Freien verbringen können.

Doch am nächsten Morgen stellte man fest, dass dreizehn von ihnen (also mehr als die Hälfte) tot waren, während die Anteil der Toten in den Zelten, in denen es viel mehr Schwerverwundete gab, nur bei fünf Prozent lag. Eine Stoffschicht hatte die Menschen in den Zelten vor den Angriffen der nächtlichen Kräfte geschützt, denen alle anderen direkt ausgesetzt waren.

Ein Zelt mag wie ein lächerlich unzureichender Schutz erscheinen, wenn wir wirklich von bösartigen Strahlen ausgehen wollen, die nachts einen schlafenden Menschen angreifen. Ein Haus mit einem Dach aus dickem, dichtem Material ist eine Sache, aber ein Stück Segeltuch...

Mein amerikanischer Freund wollte diesen Einwand nicht gelten lassen. "Ich war so bestürzt über all diese unerwarteten Todesfälle", sagte er mir, "dass ich entschlossen war, die Gründe hierfür herauszufinden. Ich recherchierte so gründlich, wie ich konnte. Zwei seltsame Dinge fielen mir auf. Zum einen hatten die zehn Überlebenden in jener Nacht *allesamt* schlecht geschlafen. Hatte ihre Schlaflosigkeit dazu geführt, dass sie den Kräften, die sie angriffen, besser widerstehen konnten? Zum anderen hatte jeder von ihnen die Angewohnheit, mit einem über den Kopf gezogenen Laken zu schlafen. Dieses dünne Stück Stoff hatte sie möglicherweise genauso gut wie ein Zelt oder ein Dach geschützt.

"Ich habe das Gefühl", so schloss er, "dass das, was einen Schläfer im Freien wirklich schützt, ein eher symbolischer als realer Schutz ist. Ein Taschentuch kann genauso gut funktionieren wie eine dicke Bleischicht. Dabei scheint das Wichtigste zu sein, dass der Kopf des Betroffenen bedeckt ist. Es handelt sich dabei um eine Art ritueller Verpflichtung, die Befolgung einer geheimnisvollen Regel. Ich werde versuchen zu erklären, was ich meine: Das Beste für die Sicherheit eines Schlafenden ist ein Haus, aber auch eine rein symbolische Darstellung eines Daches reicht aus, um ihn zu schützen, die Konzentration der angreifenden Kräfte zu brechen und die Angriffe des Unsichtbaren abzuwehren.'"

Ein surreales Schachbrettmuster

Ich muss meine eigene Referenz hinzufügen. Ich bin etwa zur gleichen Zeit durch Pforzheim gefahren, während ich zur Dritten US-Armee abkommandiert war. Von der Stadt war nichts als die Straßen (die für den Verkehr freigegeben worden waren) übriggeblieben, welche sich im rechten Winkel kreuzten und ein surrealistisches Schachbrettmuster aus rußigen Trümmern mit schwarzen Quadraten und Haufen von zerbröckeltem Putz als weißen Quadraten bildeten. Die gespenstische Kulisse eines menschenfeindlichen Geheimnisses.

In Städten, die durch Sprengungen und Brände verwüstet wurden, gibt es in der Regel einige wenige Gebäude oder zumindest einige Fassaden, welche die

Katastrophe überlebt haben. Sie sind verstümmelt, stehen aber aufrecht. Ihre Stümpfe zeugen von dem, was geschehen ist. Hier und da ragt wie ein Arm, der um Hilfe ruft, ein Metallträger empor. Diese Ruinen sind noch am Leben; sie schwören, die Wahrheit zu sagen, die ganze Wahrheit und nichts als die Wahrheit. Sie plädieren für die Sache der Bewohner - sie eröffnen einen menschlichen Dialog zwischen Henkern und Opfer. Inmitten der Trümmer hört man nicht nur die Stille des Nichts, sondern auch ein beruhigendes Gemurmel der Anklage gegen die Schrecken des Krieges.

Von Karlsruhe bis Berlin habe ich viele dieser Ruinen gesehen, die wenigstens noch eine gewisse Ähnlichkeit mit der Form einer Stadt aufwiesen, nützlich um das Gedächtnis zu stimulieren und eine gesunde Erinnerung an die Moral des Krieges zu vermitteln. Sie waren nicht weniger wirksam als die Autowracks, die ich in Venezuela gesehen habe und die wie Statuen des Schicksals auf Sockeln an den schärfsten Kurven der gefährlichen Straße von Caracas nach La Guaira stehen, um waghalsige Fahrer daran zu erinnern, dass auch Unfälle zu den schönen Künsten gehören können.

Aber in Pforzheim war das anders: ein flaches Trümmerfeld, das nichts Pittoreskes mehr an sich hatte, eingeebnet und in Quadrate unterteilt. Ich hatte das Gefühl, dass der Horror das Stadium des Ungegenständlichen erreicht hatte, dass hier die Avantgarde einer abstrakten Katastrophenkunst eine Ausstellung präsentierte. Die ganze Szenerie glich einem Kreuzworträtsel, bei dem es unmöglich war, magische Worte zu entdecken und sie erfüllte mich mit einer unerträglicher Furcht.

Ich stelle mir die dreiundzwanzig Verwundeten vor, die eine ganze Nacht lang ohne Schutz an diesem Ort lagen, auf metallenen Bänken im vorgeschriebenen Abstand zwischen ihnen aufgereiht, unsichtbaren Kräften ausgesetzt, denen ein ungeschützter Schläfer schutzlos ausgeliefert ist. Ich zittere vor Angst, wenn ich auch nur an dieses Szenario denke. Und ich verstehe besser als je zuvor, warum ein Haus die größte Errungenschaft der Zivilisation ist.

Dem Atem des Unsichtbaren entkommen

Es ist keine Frage der Bequemlichkeit, sondern eine Frage der Sicherheit: um zu essen, zu lieben und vor allem zu schlafen, brauchen wir einen Unterschlupf. Andernfalls kommt es zu Furcht, schlechter Verdauung, übereilter Paarung,

Albträumen und einer Invasion, bei der ein unsichtbarer Feind kampflos triumphiert.

Um diesen Gefahren zu entgehen, suchten unsere prähistorischen Vorfahren Zuflucht in Höhlen. Heute ziehen es selbst Obdachlose vor, unter einer Brücke, in einer U-Bahn-Station oder einem Torweg zu schlafen; wer sich mit einer Parkbank begnügen muss, achtet darauf, zumindest den Kopf zu bedecken, bevor er sich schlafen legt.

Vom Selbsterhaltungstrieb getrieben, sucht der Mensch Schutz für die Nacht. Nomaden schlagen ihre Zelte auf und Sesshafte kehren in ihre Häuser zurück - nicht in erster Linie, um sich vor Kälte, Wind oder wilden Tieren zu schützen, sondern um dem Atem des Unsichtbaren zu entgehen - den nicht wahrnehmbaren Strömungen, die durch den nächtlichen Raum fegen, dem Kreuzfeuer zwischen Himmel und Erde; ihre Hauptsorge ist es, nicht schutz- und hilflos im Niemandsland eines namenlosen Todes zu stehen.

Selbstverständlich bin ich nicht so dumm zu behaupten, dass jeder, der nachts im Freien schläft, zum Tode verurteilt ist. Ich sage nur, dass es keine gute Idee ist, sich einem solchen Test zu unterziehen, denn selbst wenn die Folgen nicht tödlich sind, so ist es doch immer - auch wenn wir uns dessen nicht immer bewusst sind - absurd und gefährlich, uns ohne Schutz der freien Natur auszusetzen – egal ob wegen Sport, Hygiene oder Freikörperkultur, aus Gedankenlosigkeit oder Launenhaftigkeit. Ich habe es in meiner Jugend mehrmals getan, aus der Not heraus als Soldat oder Forscher und ich bereue es immer noch. Nehmen Sie mich beim Wort: Man kann sich vor dem Sternenhimmel gar nicht zu sehr in Acht nehmen.

Die Kinder von Attila und die Söhne der Wölfin

Ein Haus ist eine notwendige Ergänzung des Menschen. Das ist nicht so sehr eine Frage des Komforts als vielmehr der emotionalen Sicherheit. Niemand kann seine soziale Bestimmung erreichen, ohne Einwohner zu werden; seine Persönlichkeit kann sich nicht wirklich entwickeln, wenn er nicht von einem Dach geschützt ist.

Nomaden haben nur einen Ersatz für ein Haus: ein Zelt oder einen Wagen. Sie erwecken also nur den Anschein einer Zivilisation. Sie sind unfertige Menschen, unbeständig im Glück wie im Verbrechen. Sie haben keine Zukunft und hinterlassen auf ihrem Weg keine Spuren des Lebens oder der Schöpfung. Zwischen den Kindern von Attila und den Söhnen der Wölfin wird es immer wieder zu Kriegen kommen. Nomaden beginnen erst dann wirklich zu existieren, wenn sie sesshaft werden.

Wie gutartig sein Wesen auch sein mag, ein Vagabund verhält sich am Ende immer wie ein Tier. Ein Landstreicher ist notwendigerweise asozial, abnormal und gefährlich. Das bürgerliche Misstrauen gegenüber dem Vagabunden, demjenigen, der "weder Herd noch Heim" hat, ist begründet und gerechtfertigt. Anstatt uns über dieses Misstrauen lustig zu machen, sollten wir es verstärken.

Das war zumindest die Meinung meines Freundes Hiob, auch wenn er sein ganzes Leben lang unter diesem Misstrauen zu leiden hatte. Als eingefleischter Landstreicher war er es gewohnt, von allen sesshaften Gemeinschaften, denen er auf seinen Wanderungen begegnete, verdächtigt, abgelehnt und vertrieben zu werden.

"Diese Hausbewohner", sagte er zu mir, "haben jedes Recht, sich vor mir zu schützen und ihre Türen vor mir zu verschließen. Ich werde Ihnen sagen, warum..."

Hiob behauptete, dass jeder, der am Michaelistag geboren wurde, den Geist eines Abenteuers besaß. Er selbst war an einem 29. September in der unteren Bretagne geboren worden. Nachdem er die Schule in jungen Jahren abgebrochen hatte, war er ununterbrochen in ganz Frankreich umhergezogen, lebte ohne Wohnung, arbeitete gelegentlich auf einem Bauernhof, wilderte hier ein wenig und stahl dort ein wenig, frei und glücklich - zumindest dachte ich das lange Zeit, bis er mir seine schwere Beichte ablegte.

Die Freiesten der Armen

Hiob schaffte es fast jedes Jahr mich zu besuchen. Er blieb jeweils nur ein paar Tage in meinem Haus, lange genug, um sich einen meiner alten Anzüge anpassen oder sich auf meine Kosten vom örtlichen Zahnarzt einen kariösen Zahn ziehen zu lassen.

Ich kannte Hiob seit langer Zeit, noch bevor es in Frankreich eine Sozialversicherung gab. Damals waren die Armen gänzlich auf sich allein gestellt und wussten sehr genau, dass sie im Alter keine Rente erwarten konnten.

Hiob war der freieste arme Mann, den ich je gekannt habe. Ihn so arm und so frei zu sehen, so ohne jeden bürgerlichen Schutz, losgelöst von einer Gesellschaft in der er freiwillig als Ausgestoßener lebte, bereitete mir jedes Mal ein herrlich schlechtes Gewissen, wenn er mich besuchte. Ich hatte ein schlechtes Gewissen, weil ich mich dafür schämte, dass ich mich für ein so pittoreskes und exzentrisches Individuum interessierte und nicht für das menschliche Elend im Allgemeinen; es war herrlich, weil all meine Sorge über Gerechtigkeit, Sozialismus oder Gewerkschaftswesen sofort im Keim erstickt wurde, wenn ich mit diesem zerlumpten Riesen in Berührung kam, der nur sporadisch zu arbeiten bereit war, aber jeden vorübergehenden Arbeitgeber aufrichtig respektierte und sich zwanglos auf das beruhigende Spiel der Bevormundung einließ.

Sobald ich seinen tiefschwarzen Bart und seinen schmutzigen runden Hut auftauchen sah, rief ich ihm zu: "Willkommen, Hiob!" Er stand dann am Gartentor und wartete, bis ich ihn hereinbat. Mein Hund, der ihn von Jahr zu Jahr wiedererkannte, zeigte immer wie froh er war, ihn wiederzusehen; er roch ihn wohl schon von weitem und bellte nie, wenn er kam.

"Ich wollte nicht durch Ihr Dorf reisen ohne Hallo zu sagen", begann Hiob höflich.

Nach den üblichen Komplimenten schüttelten wir uns die Hände und ich nahm ihn mit in die Küche, um mit ihm ein Glas Rotwein zu trinken. Nach diesem Ritual begleitete ich ihn feierlich in den Holzschuppen, wo er wie beim letzten Mal ein Bett improvisierte, indem er einen Haufen Stroh auf die Sägespäne streute.

Erst danach begann unser eigentliches Gespräch.

"Weil ich so viel draußen schlafe", sagte er einmal zu mir, "bin ich zum Tier geworden. Meine Seele hat sich allmählich verflüchtigt. Ich lebe nach meinen Instinkten, Bedürfnissen und Gewohnheiten. Ich habe keine Ehre, keine Moral, keinen Ehrgeiz mehr. Ich denke nie an die Zukunft oder den Tod. Ich bin wirklich ein Tier geworden."

"Ein wildes oder ein zahmes?"

"Meine Gewohnheiten sind zahm und meine Instinkte sind wild. Ich habe einen Kompromiss zwischen beiden gefunden. Wenn ich mehrere Tage nacheinander in einem Haus bleibe, spüre ich, wie in mir wieder eine Seele zu wachsen beginnt, aber wenn ich zu lange im Freien schlafe, verblasst mein menschliches Gewissen."

"Was ist dir lieber, Hiob: mit Seele oder ohne Seele?"

"Wenn ich eine Seele habe, weiß ich, dass ich unglücklich bin. Wenn ich keine habe, weiß ich nicht, dass ich glücklich bin."

"Du hast dich für ein freies Leben entschieden, ohne Heimat, Beruf oder Familienbande. Niemand zwingt dich dazu, ein Vagabund zu sein. Du bist stark und intelligent, hast eine gute Ausbildung und bist noch recht jung, es wäre also ein Leichtes für dich, sesshaft zu werden, wenn du willst. Warum tust du es nicht?"

"Ich warte darauf, dass mein Haus bewohnbar wird."

Damit hatte er mir den Schlüssel zu einem Geheimnis gegeben. Ohne das Haus, in dem er geboren worden war, war er nicht in der Lage glücklich zu sein, aber dieses Haus war verflucht und so bösartig, dass darin niemand sicher leben konnte".

Ein Ort, bekannt als Ker Faou

Es handelte sich um eine Hütte mit einem Strohdach und Lehmflechtwerk, die einsam in einem Moor stand, in deren Garten Stechginster besser wuchs als Kartoffeln. Wenn neue "verfluchte" Babys darin geboren wurden, verließen die Älteren das Haus, um entweder auf dem örtlichen Friedhof begraben zu werden oder um sich in die Schlangen der Arbeitslosen der Städte und der landwirtschaftlichen Gebiete einzureihen.

Hiob hatte sehr früh gelernt, dass dieses Haus Unglück brachte. Als auch ihn der Fluch traf, fühlte er sich, obwohl noch ein Heranwachsender, buchstäblich vertrieben und von der Macht des Schicksals weggestoßen, ähnlich wie der ewige Jude (wenn auch aus anderen Gründen). Dennoch vermisste er das Haus seiner Vorfahren, wohin er auch ging.

Da er nicht in der Lage war, sich unter einem weniger bedrohlichen Dach niederzulassen, wurde er zu einem kompletten Nomaden und brach alle sozialen Bindungen ab. Dann musste er sich den Gefahren des nächtlichen Schlafens im

Freien stellen; anfangs war er dazu völlig unfähig, lernte jedoch bald, sich zu verteidigen. Aus eigener Erfahrung war er der Meinung, dass diese weniger furchteinflößend waren als die Gefahren, welche von einem bösartigen Haus ausgingen. Alles in allem glaube ich, dass er Recht hatte.

Das, was Hiob mir über seine Heimat erzählt hatte, machte mich neugierig und ich wollte sie kennenlernen. Eines Sommers, als ich mich in der Bretagne aufhielt, durchquerte ich die Moore auf der Suche nach einem Ort namens Ker Faou, der nicht auf meiner Karte eingezeichnet war.

Schließlich fand ich das abscheuliche Haus. Ich habe es mit all meinen Sinnen untersucht. Ich werde es nicht näher beschreiben, denn das hieße, der niedrigsten Form literarischer Sensationslust nachzugeben. Ich werde es lediglich in einem Satz beschwören, in den der Leser alles hineinlegen kann, was ihm seine Phantasie vorschlagen mag: Niemals in meinem Leben habe ich ein Haus gesehen, das verfluchter, menschenfeindlicher und von Unglück durchtränkter war.

Damals wusste ich noch nicht, dass es wirksame Mittel gibt, um das Böse in einem Haus zu neutralisieren. Jetzt, nachdem ich diese Mittel kennengelernt und angewendet habe, frage ich mich jedoch, ob sie in der Lage gewesen wären, einen so mächtigen Fluch zu überwinden wie den, der auf Hiobs Elternhaus lastete. Ich bezeichne diesen Fall immer noch als das einzige Beispiel für einen wirklich unabänderlichen Fluch, den ich je persönlich erlebt habe.

Es ist schon lange her, seit ich meinen Freund Hiob das letzte Mal gesehen habe. Mehr als dreißig Jahre. Aber ich habe ihn nicht vergessen. Was wohl aus ihm geworden ist? Wahrscheinlich ist er schon gestorben; er muss seine arme Seele Gott überlassen haben, irgendwo in Frankreich, auf der Straße, neben einem Graben, weit weg vom verfluchten Haus. Oder könnte er noch am Leben sein? Ich habe mein Haus (das nicht verflucht war) vor vielen Jahren verlassen und wenn Hiob dorthin zurückgekehrt sein sollte um Hallo zu sagen, hat er niemanden mehr angefunden, der ihm hätte sagen können, wohin ich gegangen war. Seine Freunde zu verlieren, ist immer als würde man ein bisschen sterben.

Wenn Hiob noch lebt, hat sich sein Schicksal auf jeden Fall verbessert, denn er ist vom Fluch des Ker Faou befreit worden. Ich habe erfahren, dass sein Haus 1944 von den Deutschen niedergebrannt wurde. Es wurde von Scharfschützen als Unterschlupf benutzt. Diejenigen, die nicht darin verbrannten, wurden in den rauchenden Ruinen erschossen. Bis zum Schluss brachte das düstere Haus seinen

Bewohnern Unglück. Ich hoffe, das Feuer hat den Ort gereinigt. Es wäre eine gute Idee, Salz darüber zu verstreuen.

Die drei M's

Was den Menschen am stärksten bestimmt und bedingt, was ihm seine wirkliche soziologische Dichte, sein Verhalten, seine Ethik, sein Ideal verleiht, ist sein Haus.
. . . .

Diese Reihe von Punkten steht für alle vernünftigen Einwände, die man gegen eine solche Aussage vorbringen könnte. "Übertrieben", "absurd", "paradox" und "falsch" sind einige der milderen Umschreibungen, die je nach philosophischer, politischer oder religiöser Überzeugung des Lesers auf sie angewendet werden könnten.

Angesichts der einhelligen Missbilligung bleibe ich bescheiden, aber dennoch hartnäckig. Ich weiß (sowohl aus Intuition als auch aus Erfahrung), dass sich ein Bewohner unter dem Einfluss seiner Wohnung verändert, entwickelt und in seinen Denkweisen, Lebensgewohnheiten, Überzeugungen und seinem Verhalten umgestaltet wird. Anstatt also die kostbare Zeit seiner Jugend mit der Lektüre großer oder kleiner, mehr oder weniger roter Bücher - von Marx, Mao oder Marcuse – zu verschwenden, sollte ein echter Revolutionär zunächst Architektur und Stadtplanung studieren.

Die drei M's stehen für müßige und machtlose Ideologen; ernsthafte, stramme Revolutionäre - diejenigen, die der Menschheit Massaker, Terror und Knechtschaft ersparen wollen - die immer auftreten, wenn Institutionen gewaltsam verändert werden, bevor die Mentalität der Individuen angepasst wurde - und denen es vor allem darum geht, effektiv zu sein, täten gut daran damit zu beginnen, Häuser zu bauen, denn in Frankreich kann man wertvolle architektonische Gebäude bauen, welche Menschen zunächst dazu veranlassen würden die Gesellschaft zu erneuern und sie dann bei der Umsetzung in Schranken halten würden.

Ein Bildhauer und Stadtplaner, von dem ich später noch erzählen werde, hat es sehr gut ausgedrückt: "Ein Büttel in einer romanischen Kirche wird nicht in der Lage sein, die Kirche von morgen vorauszusehen und zu gestalten." Ebenso ist es für jemanden, der in einem Gebäude aus einer Massenproduktion lebt unmöglich, sich eine neue Ordnung vorzustellen und wirksam auf ihre Verwirklichung hinzuarbeiten.

Ein Haus mit unsichtbaren Trennwänden

Vier Wände mit einem Dach darüber: das ist das Wichtigste auf der Welt. Häuser, diese rechteckigen Gebilde, die mit unterschiedlichem Luxus und Raffinesse eingerichtet und dekoriert wurden, sind eine Quelle des Guten und des Bösen - des Besten und des Schlimmsten - für die Menschen, die in ihnen leben, essen, schlafen, denken, imaginieren, rebellieren, resignieren, lieben, hassen, arbeiten, faulenzen, schaffen, träumen, leiden und sich erfreuen.

Niemand entzieht sich dem Einfluss des Hauses, in dem er lebt. Deshalb scheint es mir vom Standpunkt des Protests und der Revolution aus gesehen viel wichtiger zu sein, ein "Haus mit unsichtbaren Wänden" zu bauen, wie es ein sechsundsechzigjähriger Architekt namens Nicolas Schöffer getan hat, als Slogans an die Wände von Universitäten zu schmieren.

Schöffers Haus stand nicht lange: nur zehn Tage, für die Dauer einer bestimmten Ausstellung in dem Bereich Gebäude und öffentliche Arbeiten. Es war nur ein Experiment. Es hat die Menschen verstört, ohne sie zu überzeugen. Das passiert immer dann, wenn ein Fenster in die Zukunft zu abrupt geöffnet wird.

Ich hatte nicht das Glück, dieses seltsame Meisterwerk zu sehen, aber die Beschreibung seines Schöpfers hat mich begeistert:

> 1955 gelang es mir durch ein unerklärliches Wunder, Mittel für den Bau eines Hauses mit unsichtbaren Trennwänden zu erhalten. Es sollte nach zehn Tagen wieder abgerissen werden, denn in Frankreich kann man teure architektonische Experimente machen, solange sie nicht lange Bestand haben. Ich habe ein Haus in Form eines Schlüssellochs gebaut, mit einem trapezförmigen Teil und einem kreisförmigen Teil, ohne Trennwand dazwischen. Der trapezförmige Teil war völlig schalldicht, kalt und blau. Im kreisförmigen Teil hingegen gab es rotes Licht, Infrarotheizung bis zu einer Temperatur von 45 Grad Celsius [113 Grad Fahrenheit] und einer Menge Geräusche... Wenn man die imaginäre

Grenze zwischen dem Trapez und dem Kreis überschritt, trat man in eine völlig andere Atmosphäre ein. [1]

Ich bin mehr und mehr davon überzeugt, dass ein Haus seine Bewohner transformieren kann. Ich bin mir sicher, dass Menschen, die in Häusern mit unsichtbaren Trennwänden leben, nicht die gleichen intellektuellen Prozesse durchlaufen wie Menschen, die in traditionellen Häusern leben und damit andere Möglichkeiten haben, die Zukunft (ihre eigene und die der Gesellschaft) zu gestalten.

Vom Gebäude zur Reinigung

Jede Regentschaft und Epoche der Menschheitsgeschichte kann durch ein Denkmal symbolisiert werden, das – für sich ganz allein - mit unbestreitbarer Klarheit die Wahrheit und den Wert, die Essenz und Existenz einer bestimmten Phase der Zivilisation zum Ausdruck bringt.

Ist es notwendig, diese Behauptung mit Beispielen zu illustrieren? Ja, die Pyramiden stehen für das alte Ägypten und erklären auf ihre Weise die Ursachen und Auswirkungen seines rätselhaften Vorsprungs vor dem Rest der Menschheit. Der Tempel von Angkor und sein steinernes Rätsel reichen aus, um das Enigma der Khmer zu lösen. In Bezug auf das berühmte griechische Wunder: was verrät seine Geheimnisse besser als das Erechtheion? Der größte Teil der römischen Geschichte - das Recht, die Götter, die öffentlichen Spiele, die Cäsaren, die Plebs - ist uns in einer monströsen Verkörperung erhalten geblieben: dem Kolosseum, diesem "Steinhaufen auf einem Haufen Ruhm".[2]

Es wäre ein Leichtes, weitere Beweise zu sammeln, indem man die Jahrhunderte Revue passieren lässt und die bedeutendsten Denkmäler jeder Epoche herauspickt.

Es ist sicher, dass die Kathedrale von Chartres, diese steinerne Broceliande des Christentums, mehr als alle Exegesen über den mystischen Frühling eines Volkes aussagt, das sich jetzt in seinem saftlosen Winter wiederfindet.

---

[1] Aus einem Interview mit Nicolas Schöffler, veröffentlicht in der Wochenzeitung L'Express
[2] Es war der Triumphbogen in Paris, den Victor Hugo auf diese Weise beschrieb, aber mir scheint, dass das Bild noch besser auf das römische Kolosseum passt.

Es ist wahr, dass das Schloss von Versailles und das Hôtel des Invalides unbestreitbar demonstrieren, warum und auf welche Weise die Zeit Ludwigs XIV. herausragend war. Die Zeit Ludwigs XV. war ebenso großartig, vielleicht sogar noch ein wenig großartiger, denn sie fügte der Pracht Anmut hinzu. Als krönenden Abschluss eines Festivals guten Geschmacks und der Eleganz haben die Architekten dieser Zeit Frankreich mit zahllosen Meisterwerken überzogen, die uns bis heute - in den wohlhabenden Vierteln der Städte fast an jeder Straßenecke - daran erinnern, wie schön das Leben in jener Zeit sein konnte.

Die darauffolgende Eklipse der Zivilisation drückte sich sozusagen in der Abwesenheit von Architektur aus. Als Monumente errichtete die französische Revolution nur die beiden Standpfosten der Guillotine.

Zu meinem eigenen Vergnügen werde ich meine schnelle Studie bis in die Gegenwart fortsetzen. Dabei werden weitere Belege für meine Ansicht zutage treten.

In Frankreich hatte die Dritte Republik das Glück, durch den Eiffelturm repräsentiert zu werden und das Pech, nach dem Ersten Weltkrieg unter einer Eruption hässlicher Denkmäler für die Toten zu leiden, die keinen einzigen Distrikt des ganzen Landes verschonte.

Für die Vierte Republik gibt es nur ein einziges eher mittelmäßiges architektonisches Symbol: ein öffentliches Wohnbauprojekt mit Wänden aus Pappmaché und einer porösen Basis.

Was die Fünfte Republik betrifft, so besteht ihre Originalität (einzigartig in der Geschichte der Menschheit) darin, dass sie ihre Größe nicht durch ein Denkmal, sondern durch eine Säuberung zum Ausdruck gebracht hat; und das ist das Einzige - kein Palast oder eine strohgedeckte Hütte - was der Nachwelt zu Gunsten dieses Regimes einfallen wird. Die reinigenden Ströme, die über die Fassaden von Paris geflossen sind, haben der Stadt eine wunderbare, tief bewegende Jugendlichkeit zurückgegeben. Alles in allem verrät diese Säuberung der aus früheren Jahrhunderten ererbten Gebäude mehr über die Herrschaft von de Gaulle, als die Aufgabe des französischen Kolonialreichs oder die Explosion der ersten französischen Atombombe.

Kapitel II

DIE SIEBEN PLAGEN

Ein einsamer Mensch ist immer in schlechter Gesellschaft.

Paul Va

Die Architektur ist die höchste aller schönen Künste, alle anderen sind ihr untergeordnet.

Warum diese Vorrangstellung? Weil die Architektur die einzige Kunst ist, die für das Glück und die Sicherheit des Menschen verantwortlich gemacht werden kann.

"Mir scheint, dass Schönheit immer nur ein Versprechen von Glück ist", sagte Stendhal. Es ist ein Versprechen, das von keiner anderen der Schönheit bewirkenden Künste gehalten wird, außer der Architektur. Was Sicherheit angeht, ist die Architektur die einzige Kunst, die sie verleihen kann.

Die Malerei ist nur eine dekorative Kunst. Die Bildhauerei kann nichts Besseres, als Parks und öffentliche Plätze mit Statuen zu bevölkern. Musik berührt die sanften Seiten der Seele. Der Tanz ist eine sinnliche Ekstase ohne Fortpflanzung und ein Gebet, das nie erhört wird. Das Theater ist eine kollektive Kunst, die nicht von einem einzelnen Menschen ausgeübt werden kann. Die Rhetorik ist die Kunst der Lüge und des Verrats. Der goldene Schlüssel der Poesie öffnet nur noch leere Truhen.

Aber die Architektur ist voller Bedeutung und Kraft. Sie besitzt sowohl eine ästhetische als auch eine soziale Berufung. Je nachdem, wie schön die von ihr geschaffene Umgebung ist, wie viel körperlichen und geistigen Komfort sie den Bewohnern der von ihr errichteten Häuser verschafft und wie viel Harmonie sie ihrer Seele bietet, werden sich die Menschen unterscheiden und wird - insgesamt gesehen - ihr Glück zunehmen oder abnehmen.

Was gibt es Wichtigeres als Glück? Es ist das Ziel aller Hoffnungen, Wünsche und Bemühungen; das Streben danach dient oft ebenso als Entschuldigung für kleine Unzulänglichkeiten wie für große Laster und/oder sogar Verbrechen.

Da ein Haus über Glück oder Unglück seiner Bewohner entscheiden kann, kann man nie vorsichtig genug sein, um sich vor dem Einzug zu vergewissern, dass es auch wirklich geeignet ist. Hygiene, Komfort, Bequemlichkeit und Annehmlichkeit sind keine ausreichenden Gründe für eine positive Entscheidung. Wichtiger als alles andere ist das, was ich den Konkordanz-Faktor nennen möchte. Man muss vor allem herausfinden, ob ein Haus zu seinen Bewohnern passt oder nicht, ob es ihnen nützt oder schadet, ob es ihre Gesundheit schützt oder ruiniert, ob es sie glücklich oder unglücklich macht.

Aber ist es möglich, all diese Dinge über ein Haus herauszufinden, bevor man in es einzieht? Gibt es eine andere Möglichkeit herauszufinden, ob ein Haus bösartig ist, ohne auf eigene Gefahr in ihm zu leben?

Wenn ich diese Fragen nicht mit vollstem Selbstvertrauen beantworten könnte, würde ich dieses Buch nicht schreiben. Meine Absicht ist es, diejenigen zu lehren, die bereit sind, darüber zu lesen:

I. Wie man gefährliche Häuser erkennt.

2. Wie man einen gefährlichen oder verfluchten Ort reinigt und neutralisiert, wenn man unglücklicherweise gezwungen sein sollte, dort zu leben.

3. Welche Vorkehrungen vor dem Bau oder Kauf eines Hauses getroffen werden sollten.

Gefangen in einer Falle

Schönheit, Charme und Komfort eines Hauses oder einer Wohnung lassen sich leicht feststellen. Ein einziger Besuch genügt, damit sich ein potenzieller Käufer oder Mieter ein Bild von der Größe, Beleuchtung, Aufteilung, Bequemlichkeit, dem Grad der Schalldämmung, der Aussicht, Luftigkeit, Umgebung usw. machen kann.

Doch selbst nach sorgfältigster Prüfung wird er nicht wissen, ob es wirklich zu ihm passt oder nicht. Kein Architekt, Dekorateur oder Schreiner ist in der Lage, das zu vermitteln und ihn gegebenenfalls zu warnen: "Vorsicht! Dieses Haus scheint schön, komfortabel und gut gelegen zu sein, aber es ist gefährlich für Sie. Sie werden unglücklich oder krank, wenn Sie dort einziehen, ohne von einem Fachmann zu erfahren, ob es gesund und harmlos gemacht werden kann."

Der neue Bewohner ahnt nicht, dass er in eine echte Falle tappt, wenn er das gerade gekaufte oder gemietete Haus in Besitz nimmt. Von nun an wird sein Schicksal unausweichlich von dieser magischen Kiste aus vier Wänden, einer Decke und einem Boden beeinflusst werden, denn ein Haus - ob es nun von einer Familie oder einer einzelnen Person bewohnt wird - hält den Menschen in einem Netz von Linien und Kräften gefangen, die seine Gesundheit, Zufriedenheit und sein Glück bestimmen.

Ja, in seinem Haus ist der Mensch in einer Falle gefangen. An diesem Ort, an dem er lebt, schläft und sich sowohl in eine menschliche Gemeinschaft als auch in eine geografische Umgebung integriert, kann er von Kräften, die aus dem Boden unter dem Haus aufsteigen oder von immateriellen Fluten, die aus dem Kosmos herabregnen, bombardiert, durchbohrt, misshandelt, animiert oder konditioniert werden; oder von den Materialien, aus denen das Haus besteht; von Linien, die ein unverantwortlicher Architekt erfunden hat; Dingen innerhalb oder außerhalb des Hauses, deren Geometrie das Aussenden von mehr oder weniger heftigen "Formwellen" verursachen kann; oder von symbolischen oder analogen Geheimnissen, die auf unerklärliche Weise noch immer so viele okkulte Einflüsse kontrollieren; oder von der Erinnerung der Wände, die - je nachdem wie viele tragische oder schmerzhafte Ereignisse sie im Laufe der Jahre verzeichnet haben - noch immer bis zu dem Punkt Unglück oder Verbrechen ausstrahlen, an dem sie die Atmosphäre für die Lebenden verderben...

Aus einem oder mehreren dieser Gründe kann ein Haus zu einem Resonanzkasten werden, in dem der Bewohner zum Spielball all dieser vervielfachten, entfesselten Kräfte wird.

Natürlich gibt es neutrale Häuser, die ihre Bewohner nur durch ihre Bequemlichkeit oder Unbequemlichkeit, ihren Luxus oder ihre Schäbigkeit, ihre Gesundheit oder ihre Gesundheitsschädlichkeit beeinflussen. Es ist nie egal, ob man in einer Bruchbude oder einem Palast wohnt, in einer Erdgeschosswohnung mit Blick auf einen dunklen Innenhof oder in einer sonnigen Wohnung im obersten Stockwerk, mit drei anderen Personen in einem Zimmer oder mit einer anderen Person in einer eleganten Vierzimmerwohnung. Diese Vor- und Nachteile (die sich zwangsläufig aus der Ungleichheit des Vermögens ergeben) liegen auf der Hand; obwohl ihre Ursachen klar sind, kann man nichts dagegen tun. Aber es ist möglich, die unsichtbaren Einflüsse zu bekämpfen oder zu kontrollieren, um die es in diesem Buch geht - die von den Wänden ausgehen, ohne dass der Bewohner es merkt und die sein Schicksal bestimmen.

Es ist sehr nützlich, diese Einflüsse erkennen zu können, bevor man ihnen zum Opfer fällt. Wie viele Menschen waren ihr ganzes Leben lang kränklich oder sind vorzeitig gestorben, weil ihr Haus über einer geologischen Verwerfung gebaut oder von einem tellurischen Strom durchzogen war! Wie viele bedauernswerte Verlierer haben ihre Chancen und das Glück ihrer Familie allein aus dem Grund zunichte gemacht, weil sie, ohne es zu wissen, in einem bösartigen oder verfluchten Haus lebten!

Einige glückliche Menschen hingegen haben ihr Glück nur deshalb gefunden, weil sie in Häusern wohnten, deren unsichtbare Strahlung ihre Unternehmungen begünstigte, ihre Gesundheit stärkte und ein Klima des Glücks um sie herum errichtete.

Denn es gibt auch Häuser des Glücks: solche, in denen sich der Bewohner in so vollkommener Harmonie mit seiner Wohnung befindet, dass sein Glück bis zu einer außergewöhnlichen Schwingung gesteigert wird. Diese privilegierten Refugien prädisponieren zum Glücklichsein und schaffen die Voraussetzungen für ein glückliches Leben, kurzum, sie sind wohltuend - und sie zeigen es so stark und deutlich, wie andere Häuser ihre Bösartigkeit zeigen.

Ein Haus kann keine wertvollere Eigenschaft haben, als seinen Bewohnern Glück zu bringen. Dieser Vorteil, gut erkannt und bewiesen, sollte ausreichen, um die Miete oder den Verkaufspreis um das Zehnfache zu erhöhen. Aber wer würde es wagen, so etwas bekannt zu machen? Ist jemals in einem Mietvertrag festgelegt worden, dass die betreffenden Räumlichkeiten nützlich oder zumindest nicht schädlich sind? Das sind keine anerkannten Begriffe in der Immobilienbranche. Das sollten sie aber sein.

Auf jeden Fall erscheint es mir ungerecht, dass glückliche Häuser keine höheren Preise erzielen und unglückliche Häuser an Wert verlieren. Manche Häuser und Wohnungen sind praktisch unverkäuflich, weil sie einen schlechten Ruf haben. Selbst wenn es sich um absichtliche Verleumdungen oder unbedachte Gerüchte handelt, verbreitet sich ein solcher Ruf schnell und weit. Derartiges wird immer geglaubt und abergläubische Angst schreckt Käufer ab.

Der berühmte Heiler Maurice Besson erzählte mir eines Tages, dass er sein schönes Haus in Panazol bei Limoges zu einem Preis gekauft hatte, der weit unter seinem tatsächlichen Wert lag. Das Haus besaß in der ganzen Region den Ruf Unglück zu bringen; seine früheren Bewohner waren an Krebs gestorben. Maurice Besson war natürlich kein Mann, der sich von einer solchen Drohung einschüchtern ließ. Da er über die notwendigen Kenntnisse und Fähigkeiten verfügte, um das Haus von seinem Fluch zu befreien, zögerte er nicht, es zu einem äußerst günstigen Preis zu kaufen. Er reinigte es von allen schlechten Einflüssen (durch ein Verfahren, auf das ich in einem anderen Kapitel dieses Buches eingehen werde). Seitdem leben er und seine Familie glücklich und gesund in ihrem Haus, bekannt als Chatanika, in dem zuvor Unglück und Krankheit geherrscht hatten.

Häusliches Glück

Wenn Sie in einem neutralen oder vorteilhaften Haus leben, gibt es keinen wichtigen Grund, warum Sie genauere Nachforschungen anstellen sollten. Wenn Sie etwas herausfinden, wird sich Ihr Verhalten in keiner Weise ändern. Wenn Sie aber in einem bösartigen Haus leben, ist es sehr wichtig, dass Sie sich Sicherheit verschaffen: Sie können es dann entweder so schnell wie möglich verlassen (egal wie unangenehm es auch sein mag, ein Auszug ist besser als ein unglückliches Schicksal) oder es durch Verfahren reinigen, die in den meisten Fällen relativ einfach sind.

In diesem Buch sollen diese Verfahren erläutert werden. Einige von ihnen sind rein wissenschaftlich, während andere mehr oder weniger mit einer Art empirischer Magie zu tun haben. Die Schwierigkeit besteht darin, dass sie je nach Art des bösen Einflusses variieren. Die Auswirkungen kann jeder ehrliche Beobachter feststellen; die Ursache zu finden, erfordert Kenntnisse und Techniken, die noch an keiner Universität gelehrt werden. Wenn man wirksam handeln will, muss die Diagnose sehr genau sein, nicht nur ungefähr, damit das Heilmittel dem Übel genau angemessen werden kann.

Das Wichtigste ist, dass Sie sich Ihrem Haus nicht blindlings und passiv unterwerfen. Anstatt zu resignieren, müssen Sie herausfinden woher das Übel kommt, damit Sie es beseitigen können. Ihr erstes Anliegen sollte sein, das

Geheimnis der Mauern zu durchdringen, zwischen denen Sie leben und dann die richtigen Schritte und Vorsichtsmaßnahmen zu ergreifen, um sicherzustellen, dass das Glück in Ihr Haus kommt.

Die Ursachen des Übels

Viele Briefeschreiber, sowohl Freunde als auch Fremde, haben mir von bösartigen Häusern berichtet. Da sie mir Beweise und Referenzen anvertrauten, könnte ich alle diese Fälle überprüfen, einen nach dem anderen. Aber woher sollte ich die Zeit und das Geld für eine solche Untersuchung nehmen? Und außerdem, was würde es nützen?

Es wird nie meine Absicht sein, jemanden davon zu überzeugen, dass es tatsächlich verfluchte Orte gibt, die ihren Bewohnern Unglück bringen. Ein exakter Nachweis, durch unwiderlegbare Beweise gestützt, wäre nicht in der Lage, die Zweifel eines Skeptikers auszuräumen. Ein Rationalist, der offensichtlich Opfer eines Fluchs ist, wird in seinem Unglauben nicht erschüttert werden, während ein abergläubischer Mensch sein Unglück einem Fluch zuschreiben wird, selbst wenn die Ursache eindeutig natürlichen Ursprungs oder rein zufällig ist. Es ist ein vergebliches Unterfangen jemanden bekehren zu wollen, indem man ihm etwas beweist; Beweise haben noch nie jemanden dazu gebracht seine Meinung zu ändern.

T. E. Lawrence schrieb, dass Meinungen diskutiert werden können, aber Überzeugungen nur mit einer Waffe kuriert werden können.

Ich wende mich an diejenigen, die aus Erfahrung oder Überzeugung wissen, dass es gefährlich ist, sich über Tabus hinwegzusetzen; denn ich möchte sie in die Lage versetzen, dies ungestraft zu tun.

Ich wende mich vor allem an diejenigen, die besorgt sind, Gesundheit und Glück zu riskieren, indem sie unüberlegt in ein neues Haus einziehen; an diejenigen, die wissen wollen, welche Vorsichtsmaßnahmen sie treffen müssen, bevor sie ihren Altersruhesitz bauen, an diejenigen, die gezwungen sind, ein verfluchtes Haus zu reinigen, um darin überleben zu können.

All diese Menschen, die aus dem einen oder anderen Grund beunruhigt sind, müssen nicht durch Beweise und Argumente von einer Realität überzeugt werden, die sie gar nicht anzweifeln; sie müssen beruhigt und unterstützt werden. Es handelt sich um ein umfangreiches Thema und eines, das nur schwer in Ordnung zu bringen ist.

Die logische Vorgehensweise besteht darin, die verschiedenen Faktoren herauszufinden und zu studieren, die ein Haus bösartig machen und einen längeren Aufenthalt an bestimmten Orten gefährlich werden lassen können, um dann die praktischen Mittel zur Beseitigung der Ursache oder Bekämpfung der Wirkung zu spezifizieren bzw. den bösen Einfluss auf die eine oder andere Weise zu neutralisieren.

Es scheint mir (und ich übernahm diese Klassifizierung erst nach langem Zögern), dass es sieben Hauptursachen gibt, die den Bewohnern eines Hauses Unbehagen, Krankheit oder Unglück bringen können:

1. Der Standort. Das Haus kann auf undurchlässigem Boden, über einem unterirdischen Wasserlauf, einem Erzvorkommen, einer geologischen Verwerfung oder einem geschlossenen Hohlraum oder an einem Ort gebaut worden sein, der aus dem einen oder anderen Grund anfällig für Elektroinfiltrationen oder schädliche Wellen ist.

2. Formwellen können verantwortlich sein.

3. Aus irgendeinem Grund kann es zu einer Ionisierung der Luft kommen.

4. Die Materialien eines Hauses (oder der Möbel und anderer Gegenstände im Haus) können von Natur aus bösartig sein.

5. Das Haus kann ganz oder teilweise mit einem Fluch oder einem Verbot belegt sein. (Im letzteren Fall handelt es sich um das seltsame Mysterium eines "Sanktuariums").

6. Die Erinnerung der Mauern oder der schlechte Atem der Vergangenheit kann das Haus bis in der Gegenwart vergiften.

7. Das Pech und der böse Blick eines oder mehrerer Bewohner können das Haus und die Atmosphäre darin so sehr beeinflusst haben, dass sie schädliche Wellen aussenden. Dann gibt es Reflexionen, Echos, Rückwirkungen, Rückschläge - eine Art abscheuliches Tennis, bei dem immer mehr schädliche Wellen zwischen dem Haus und seinen Bewohnern hin- und hergeschickt werden und zwar auf unbestimmte Zeit.

Die Schädlichkeit eines Hauses kann also von einer dieser sieben Ursachen herrühren. Jede von ihnen ist stark genug, um den Stein, den Zement und den Putz eines Hauses zu infizieren und es unbewohnbar oder zumindest einen längeren Aufenthalt in ihm gefährlich zu machen.

Kapitel III

KREBSHÄUSER

Es ist das Epithel der Haut, das uns zu Teilnehmern am universellen Gleichgewicht macht, von außen nach innen angepasst.

Daudet

Zunächst einmal möchte ich darauf hinweisen, dass der Begriff "Krebshäuser" in vielen Fällen irreführend ist. Was als Krebshaus bezeichnet wird, kann in Wirklichkeit auch „nur" ein Haus sein, das Rheuma, Asthma bzw. mehr oder weniger psychosomatische Beschwerden hervorruft. Außerdem besitzt kein Haus - so schädlich es auch sein mag - das unheilvolle Privileg alle Bewohner zu verseuchen. Tatsächlich verschonen Krebshäuser viel mehr Bewohner als sie töten. Dennoch sind wir berechtigt ihnen diese schimpfliche Bezeichnung zu verleihen, wenn die Anzahl der Krebsopfer unter ihren Bewohnern viel höher ist, als es der statistische Durchschnitt oder die Gesetze der Wahrscheinlichkeit vermuten lassen würden.

Was die Überlebenden anbelangt könnte man sich fragen, ob sie ihre Immunität dem Zufall oder Vorsichtsmaßnahmen zu verdanken haben. Die richtige Antwort lautet: weder noch!

Jeder Mensch kommt mit einer Veranlagung zu bestimmten Krankheiten auf die Welt, während er anderen Krankheiten gegenüber immun zu sein scheint. Der eine ist anfälliger für Tuberkulose, der andere für Poliomyelitis, wieder ein anderer für Krebs. Es handelt sich um eine Art pathologische Veranlagung, die bei jedem Menschen unterschiedlich stark ausgeprägt ist und nicht zwangsläufig jemals zum Ausbruch einer tatsächlichen Krankheit führt. Sie kann auf unbestimmte Zeit inaktiv bleiben, solange der Mensch in einer gesunden Umgebung lebt und keinen schädlichen Einflüssen ausgesetzt ist. Sie führt aber zu der betreffenden Krankheit, wenn der Körper nicht in der Lage ist, den Aggressionen der Umgebung genügend Widerstand entgegen zu setzen. Das ist der Grund, warum prädisponierte Bewohner eines Krebshauses von der Krankheit befallen werden, während andere ihr widerstehen.

Ich kann ein Beispiel aus meiner eigenen Erfahrung liefern. Ich wurde in Paris in der Rue du Bac, in einem Krebsgebäude geboren. In den zwanzig Jahren, während ich dort lebte, starben zehn der Bewohner an Krebs. Ich bin entkommen.

Es gab keinen ersichtlichen Grund für eine solche Sterblichkeitsrate unter den wohlgenährten, aristokratischen Bewohnern dieses Gebäudes. Obwohl (oder gerade, weil) es ziemlich alt war, befand es sich in einem ausgezeichneten Zustand. Auf der Südseite des Gebäudes befand sich ein weitläufiger Garten, auf der Nordseite ein gepflasterter Hof, auf dem in der Vergangenheit viel Platz für das Manövrieren von Pferdefuhrwerken war. Doch trotz seines ehrlichen, gesunden Aussehens war das Gebäude, in dem ich geboren wurde, gegenüber Krebs "anfällig". Aber diese unbestreitbare Tatsache zu erwähnen, bedeutet nicht, sie auch erklären zu können. Das Problem bleibt: wie und warum kann ein Gebäude einen krebsfördernden Einfluss auf seine Bewohner ausüben?

Ich bin nun in der Lage, diese beiden Fragen zu beantworten und werde dies ausführlich tun, indem ich Thesen und Hypothesen aufzeige und Dokumente, Argumente und Beweise vorlege, die ich gesammelt habe. Aber ich muss erwähnen, dass meine Nachforschungen jahrelang von allen, die ich zu diesem Thema befragt habe, mit Ironie und herablassender Verachtung bedacht wurden. Von Architekten, Bauleitern, Ärzten, Apothekern, Biologen, Chemikern, Medizinern, Geologen - mit anderen Worten: alle seriösen und vernünftigen Menschen mit gewissem sozialem Status und einer offiziell anerkannten Weltanschauung gaben mir zu verstehen, dass ich ein kindisch leichtgläubiger Obskurant sein müsse, um eine solche Frage auch nur zu stellen. Krebshäuser, so sagten sie, würden nicht nur nicht existierten, sondern könnten gar nicht existieren; es wäre unwissenschaftlich, unvernünftig und lächerlich abergläubisch zu glauben, dass ein Haus, das nach soliden hygienischen Grundsätzen gebaut wurde, einen schädlichen oder bösen Einfluss auf seine Bewohner ausüben könnte.

Diese einhellige Missbilligung konnte meine Überzeugung nicht erschüttern, denn je weiter ich in meiner Untersuchung vorankam, desto mehr Krebshäuser entdeckte ich. Aber es störte mich, dass ich immer noch keine vernünftige Erklärung für das Rätsel gefunden hatte, keine Antworten auf die beiden Fragen, die sich unweigerlich stellen, wenn wir die Auswirkungen einer unbekannten Ursache sehen: Wie und warum?

Alle Strauße der Wissenschaft, die ich respektvoll um ihre Meinung gebeten habe, steckten ängstlich ihre gut gefüllten, aber phantasielosen Köpfe in den Sand ihrer vorgefassten Meinungen, anstatt sich diesem beeindruckenden Problem zu stellen und zu versuchen, es zu lösen. Es ist fast unmöglich, intelligente und sozial integrierte Menschen zu einer Anstrengung ihrer Vorstellungskraft zu bewegen, hin zu einem kleinen Zugeständnis, welches sie über die gegenwärtigen Grenzen ihres Wissens, ihrer Gewissheiten und ihres Denkens hinausführen würde.

Aber nachdem ich viele Beleidigungen geschluckt hatte, traf ich schließlich aufmerksamere und besser informierte Bauherren und sogar Wissenschaftler, die (wenn auch ohne es erklären zu können) zugaben, dass bestimmte Häuser tatsächlich einen schädlichen Einfluss auf die Gesundheit ihrer Bewohner haben und dass Krebs eine Folge dieses Einflusses sein kann.

"Ich weiß, dass es stimmt, denn ich habe es selbst oft beobachtet", sagte mir ein berühmter Pariser Architekt. "Da es mein Beruf ist Häuser zu bauen, möchte ich natürlich nicht, dass es Krebshäuser werden! Ich möchte kein Mörder sein - und sei es nur durch Unterlassung - also habe ich empirisch versucht herauszufinden, welche Vorsichtsmaßnahmen ich bei der Entscheidung über den Standort und die Konstruktion eines Gebäudes treffen sollte."

"Ich glaube, ich habe ein paar einfache und wirksame Lösungen gefunden. Der Mehraufwand ist dabei unbedeutend, er erscheint im allgemeinen Kostenvoranschlag und in der Beschreibung nicht in einer separaten Rubrik, sondern in einer normalen Rubrik ohne besondere Bemerkungen. Auf diese Weise vermeide ich böswillige oder sarkastische Fragen und unangenehme Witze einiger meiner Kollegen. Ich bin entschlossen, in meinem Bereich nicht dadurch bekannt zu werden, dass ich so dumm bin an tellurische Strömungen, schädliche Wellen, Krebshäuser und anderen abergläubischen Unsinn zu glauben."

Es wäre also müßig gewesen, diesen bedeutenden Architekten zu bitten, ihn namentlich zitieren zu dürfen. Dank ihm kenne ich jedoch einige der Vorsichtsmaßnahmen, die getroffen werden sollten, um ein Haus bereits beim Bau vor bösen Einflüssen zu schützen.

Inzwischen weiß ich jetzt, dass die Wahl des Standorts, an dem ein Haus gebaut werden soll, von großer Bedeutung ist; man kann sie sogar ohne Übertreibung als lebenswichtig bezeichnen.

Von dieser Entscheidung kann Leben oder Tod, Gesundheit oder Krankheit, Glück oder Unglück eines alten Ehepaares abhängen, das sich ein Haus für den Ruhestand baut; eines jungen Paares, das einen Zweitwohnsitz sucht oder einer großen Familie, die in einem Haus am Stadtrand einen Platz zum Leben finden möchte.

Bevor ich all diesen guten Menschen erkläre, welche Vorsichtsmaßnahmen bei der Wahl des Standorts für ein Haus getroffen werden sollten, werde ich zunächst versuchen, die von G. Lakhovsky in seinem Beitrag zur Krebsforschung vertretene Auffassung zusammenzufassen und zu erläutern. Nach dieser Auffassung ist Krebs

eine Reaktion des Organismus auf eine Veränderung seines Schwingungsgleichgewichts unter der Einwirkung von Strahlen. Wenn diese Strahlen ihre Intensität oder Wellenlänge erhöhen oder verringern, wird das Schwingungsgleichgewicht unserer Zellen verändert. Die kosmischen Strahlen, die den Äther durchdringen, werden teilweise vom Boden aufgefangen, da sie bis in eine beträchtliche Tiefe vordringen. Es ist sogar sicher, dass die Bedingungen dieser Absorption bis zu einem gewissen Grad das elektromagnetische Feld der Strahlen an der Erdoberfläche verändern, welches seinerseits andere Strahlen aussendet. Sie verändern also die Lebensbedingungen der lebenden Zelle, die in diesem Feld schwingt.

Man muss dieses lange Zitat erst einmal verdauen, um begreifen zu können, warum die Wahl des Standorts beim Bau eines Hauses so wichtig ist.

Wenn wir wissen, dass die Wellen umso besser eindringen können, je geringer die Leitfähigkeit eines bestimmten Geländes ist, dann ist es klar, dass wir für den Bau eines gesunden Hauses einen Boden wählen müssen, dessen Beschaffenheit für schädliche Wellen durchlässig ist (d.h. dielektrisch) und der Strahlen bis zu einer sehr großen Tiefe absorbiert, ohne eine Reaktion auf dem Oberflächenfeld zu verursachen. Um jeden Irrtum zu vermeiden, möchte ich darauf hinweisen, dass diese Gelände mit geringer Schadstoffdichte aus Lehm, Kalkstein, Gips, Sandstein, kristallinem Urgestein und bestimmten jüngsten Schwemmlandböden bestehen, welche reich an Sand und Kies sind.

Gelände, die mit Argwohn betrachtet werden oder sogar für die Errichtung eines vollkommen gesunden Gebäudes als ungeeignet gelten müssen, sind undurchlässig und leiten daher schädliche Wellen. Sie bestehen aus plastischem Ton, Gipsmergel, Juramergel, phosphathaltiger Kreide, Eisenkies, kohlenstoffhaltigen Böden und Eisenerzschiefer.

Auf einem durchlässigen Gelände wird das Oberflächenfeld nicht verändert; bei einem undurchlässigen Gelände "werden reflektierte, gebrochene und gestreute Strahlen mit den ursprünglichen Strahlen gemischt, um ein interferierendes Feld und stehende Wellen zu erzeugen."

Lakhovskys Schlussfolgerung scheint mir sehr zutreffend zu sein: "Es kommt darauf an, die Leitfähigkeit eines Geländes zu kennen."

Daher sollte jeder, der ein Haus bauen will, zuerst die geologische Beschaffenheit des Bodens, auf dem er bauen will, in Erfahrung bringen.

Ein Professor der medizinischen Fakultät in Paris hat mir etwas Ähnliches wie der Architekt erzählt: "Ich weiß aus Erfahrung, dass es Krebshäuser gibt, kenne aber leider keine Heilmittel oder Vorsichtsmaßnahmen, die gegen diesen geheimnisvollen und bösartigen Einfluss bestimmter Gebäude wirksam wären; wenn also ein Patient zu mir kommt, der in einem solchen Haus wohnt, ist das einzige Rezept, das ich ihm geben kann der Rat, so schnell wie möglich auszuziehen. Diejenigen, die ihn befolgen, werden schnell geheilt; die anderen sind verloren, ganz gleich welche Medikamente sie einnehmen."

Schade, dass die Angst vor Spott meine eindrucksvollsten Befürworter dazu bringt, wenn schon nicht zu schweigen, so doch zumindest anonym zu bleiben! Daher muss ich davon absehen, offizielle Belege für die von mir vertretene Auffassung anzuführen.

Außerdem muss ich darauf verzichten, die Adressen der von mir genannten Häuser und Gebäude zu nennen. Ein Haus hat - genau wie eine Person - ein Recht darauf, vor Verleumdung geschützt zu werden und jede schädigende und verleumderische Aussage, selbst wenn sie wahr ist, stellt eine Verleumdung dar. Ich könnte also von einem beleidigten Eigentümer verklagt werden, wenn ich schreibe, dass es sich bei seinem Haus um ein Krebshaus handelt.

Ich kenne jedoch mindestens hundert Krebshäuser in Frankreich! Ich könnte ihre genauen Adressen nennen und es wäre ein Leichtes, die Zahl der Opfer in jedem von ihnen zu überprüfen, zumal in vielen Fällen die Todesfälle immer noch andauern (und nichts unternommen wurde, um sie zu stoppen, da offiziell niemand glaubt, dass sie in irgendeiner Verbindung zu den betreffenden Häusern stehen).

Ein Beispiel von vielen: Ein großes Brauhaus in Metz, das ich aus Gründen der Diskretion nicht genauer beschreiben kann, aber jeder in Metz leicht identifizieren kann, tötet alle aufeinanderfolgenden Besitzer, die es bewirtschaften und in der darüber gelegenen Wohnung wohnen. Sie sterben alle an Krebs und zwar mit einer durchschnittlichen Rate von einem Opfer alle fünf Jahre. Und das Gemetzel geht immer noch weiter.

Ich kann keine konkreten Beweise vorlegen und es wäre auch sinnlos, wenn ich versuchen würde, meine Leser durch theoretische Überlegungen zu überzeugen. Ich bin nur ein Schriftsteller ohne jede wissenschaftliche Qualifikation. Ich würde mich nur lächerlich machen, wenn ich mich mit einem Mysterium befassen würde, das Wissenschaftler auf der ganzen Welt beschäftigt: die Natur und den Ursprung von Krebs.

Ich weiß nichts darüber und das bedeutet, dass ich mich in einer lächerlichen und unangenehmen Situation befinde, weil die Existenz von Krebshäusern nicht erklärt werden kann, ohne eine bestimmte Hypothese zu akzeptieren, die von namhaften Krebsspezialisten wahrscheinlich als absurd beurteilt werden wird. Ich weiß nicht, wie ich diese Situation umgehen kann. Doch was ich über diese Häuser sagen kann - die es, wie ich sicher weiß, wirklich gibt, ich bin mir sicher, ich schwöre es, ich kenne Dutzende von ihnen - scheint mir wichtig genug, um das Risiko zu rechtfertigen, meine Geschichten ohne Scham zu erzählen. Möge der kleine Gott des Humors (zu dem ich jeden Morgen nach dem Aufwachen bete und dem ich jeden Abend vor dem Einschlafen beichte) mir zu Hilfe kommen und mich bei meinem Unterfangen beschützen.

Seltsame Invaliden

Krebshäuser weisen zwar eine spektakuläre und erschreckende Besonderheit auf, haben aber kein Monopol auf Schädlichkeit. Es gibt auch Häuser, in denen noch nie ein Fall von Krebs aufgetreten ist, die aber dennoch beklagenswerte Auswirkungen auf die Gesundheit ihrer Bewohnerinnen und Bewohner haben. Diese Häuser - die man eher als bösartig denn als ungesund bezeichnen kann, da sie äußerlich alle Anzeichen von Gesundheit aufweisen – bergen eine breite Palette von Beschwerden, für die sie verantwortlich zu machen sind; von sehr ernsten, wie disseminierte Sklerose oder Herz-Kreislauf-Erkrankungen, bis hin zu weniger alarmierenden wie Depressionen, chronische Müdigkeit, Kopfschmerzen und Schlaflosigkeit. Sie stören das Gleichgewicht des menschlichen Organismus und verursachen funktionelle Störungen oder organische Läsionen, die Ärzte feststellen, ohne deren Ursachen erklären zu können.

Würden diese Ärzte diese Ursachen kennen, würden sie sich nicht mehr über bestimmte merkwürdige Fälle wundern, die sie heute nur zögerlich diagnostizieren. Was soll man zum Beispiel von jenen seltsamen, sporadisch auftretenden Invaliden halten, die sich paradoxerweise nur dann besser fühlen, wenn sie sich am Arbeitsplatz aufhalten? Die Umgebung der Fabrik, des Büros oder der Schule stellt ihre Gesundheit wieder her, welche durch die schädlichen Wellen – die ohne ihre Kenntnis in ihre Häuser eindringen - geschädigt wurde. Nach einer Nacht zu Hause stehen sie müde und in einem Zustand verminderter Abwehrkraft auf; sie fühlen sich oft erst dann besser, wenn sie zur Arbeit gehen. Ein harter Arbeitstag erfrischt sie und die Ruhe zu Hause bringt sie um! Manchmal ist aber auch der Arbeitsplatz mit schädlichen Strahlen verseucht, während das Zuhause gesund ist.

In beiden Fällen ist die Situation gleichermaßen unangenehm. Manchmal wird die Situation tragisch und irreparabel, weil sie über das Wissen der Ärzte hinausgeht; sie wissen nichts über die geheimnisvollen Ursachen dieser Krankheiten.

Dann gibt es den dritten Fall - den schlimmsten von allen – bei dem sowohl das Zuhause als auch der Arbeitsplatz bösartig sind. Wenn die unglücklichen Opfer dieser doppelten Aggression keinen Weg finden, ihr Inferno durch eine List oder eine direkte Aktion zu verlassen, werden sie bald einer nervösen Erschöpfung, Leukämie, Depression, Wahnsinn oder Selbstmord zum Opfer fallen. Kurz gesagt, sie sind bereits in dieser Welt dem Untergang geweiht und werden bald gezwungen sein, die nächste zu betreten.

Um diesen ständigen Angriffen widerstehen zu können, Tag und Nacht, bei der Arbeit und zu Hause, besteht die einzige Chance des Opfers darin, ein perfekt funktionierendes Nervensystem zu besitzen. Doch leider ist dieser wichtige

Regulator oft mehr oder weniger außer Betrieb gesetzt, so dass sich die Körperzellen "entladen" und die Vitalitätsreserven des Einzelnen ähnlich wie ein geerdeter elektrischer Kondensator ihre Ladung verlieren. Dies führt zu Depressionen, allgemeiner Müdigkeit und schließlich zu chronischen Krankheiten, die tödlich verlaufen können.

Ob ein Hausbewohner nun Krebs oder eine andere Krankheit hat, sollte es - wenn das Haus die Ursache für die Erkrankung ist – möglich sein, die Krankheit zu heilen, indem man die Ursache beseitigt.

Aber wie kann ein Haus "behandelt" werden? Woher soll man wissen, wo seine Schädlichkeit zu suchen ist, wenn es eigentlich physisch gesund aussieht?

Ich begann die Wahrheit zu erahnen, als ich *Physique micro-vibratoire et forces invisibles* von A. de Bélizal und P. A. Morel las. Die Erklärungen dieser gelehrten Autoren zum Tellurismus und schädlichen Wellen sowie ihre reizvolle Theorie der "kompensierten Kräfte", bilden eine solide Lehrmeinung. Ich könnte mich davon inspirieren lassen, um eine meisterliche Darstellung des allgemeinen Problems der Krebshäuser zu konstruieren und eine kohärente Lösung vorzuschlagen, aber ich ziehe die Evangelien dem Katechismus vor, Gleichnisse der Theologie und Berichte aus erster Hand dem Theoretisieren. Anstatt eine pedantische Abhandlung zu verfassen oder mich direkt in verschiedene Theorien zu stürzen (von denen ich zugegebenermaßen sehr wenig verstehe, selbst wenn sie mich überzeugt haben), ziehe ich es vor, zu versuchen das Interesse des Lesers zu wecken und seine Zustimmung zu gewinnen, indem ich ihm einige wahre und - wie ich finde - eindrucksvolle Geschichten erzähle. Wie Fabeln haben sie eine einfache Moral und liefern konkrete Bilder, um die abstrakten Wahrheiten zu veranschaulichen, die ich schließlich darlegen werde. Ich verdanke diese Geschichten einem ziemlich erstaunlichen Mann: Maurice Graft, Doktor der homöopathischen Medizin an der Universität Sheffield, Großbritannien, und Mitglied der New York Academy of Science. Er trägt noch weitere Titel, von denen man zumindest sagen kann, dass sie von der offiziellen Wissenschaft nicht autorisiert sind. Er verfügt über die wunderbare Gabe des Heilens, ist ein freiberuflicher Forscher und hat viele Entdeckungen und Erfindungen gemacht. Einige von ihnen könnten als etwas exzentrisch angesehen werden, aber andere eröffnen den Weg zu einem technischen oder therapeutischen Fortschritt, der die Lebensbedingungen der Menschheit in der Zukunft verändern könnte.

Alle seine wissenschaftlichen oder therapeutischen Erfindungen - ein Kissen für Schlaflose, ein Gerät, das Fettansammlungen unter der Haut glättet und Müdigkeit vertreibt, eine wundersame Lebensmitteltruhe, die das Gemüse von allen giftigen Düngemitteln befreit, welche es zum Wachsen gebracht haben und vieles mehr - sind nur sekundäre Anwendungen, die er während seiner sehr ernsthaften Forschungsarbeit in den letzten fünfzehn Jahren ganz nebenbei entdeckt hat. Um seine Arbeit zu rechtfertigen und andere dazu zu bringen sie anzuerkennen, verweist er natürlich auf das Beispiel berühmter Vorgänger, die ohne offizielle Titel und oft gegen die Anfeindungen der Akademien und Universitäten Entdeckungen von großer Bedeutung für die Menschheit gemacht haben: Pasteur, Curie, Friedman, die Brüder Lumière....

"Vergessen Sie nicht", sagte er einmal zu mir, "dass Gustave Le Bon von der französischen Akademie der Wissenschaften als Verrückter bezeichnet wurde, weil er als erster bewiesen hat, dass die Auflösung von Materie möglich ist. Die Explosion der ersten Atombombe hat viel zu früh gezeigt, dass er Recht hatte.

"Was mich betrifft, so habe ich auf meiner bescheidenen Ebene der unabhängigen Forschung meine Vorstellungskraft auf das Problem des Krebses gerichtet und Hypothesen entwickelt, die ich versucht habe experimentell zu überprüfen. Ich bin zu dem Schluss gekommen - es ist vielleicht nur ein vorläufiger oder teilweiser Schluss, aber es ist eine Etappe, die es mir ermöglichen sollte, weiter zu gehen - dass Krebs nicht von einem filtrierbaren Virus oder einem bakteriologischen oder mikrobiellen Medium ausgeht, sondern von einer Störung der Zellen, welche zum einen durch eine Schwingung, die den Organismus umgibt und zum anderen durch die Umgebung, in der die einzelne Zelle lebt verursacht wird."

"Jede Zelle hat ihr eigenes Leben. Jede Zelle ist von einem Netz von Nerven umgeben, deren winzige Verästelungen das zelluläre Leben regulieren. Diese neuronalen Netze sind mit einer Radioantenne vergleichbar: Sie nehmen die Strahlungen der Umgebung auf, in der sie leben und leiten sie an die Lebenszentren der Zelle weiter. Es ist wissenschaftlich erwiesen, dass Nerven sehr gute Stromleiter sind. Ströme, die von den Nervenzentren der Zelle aufgenommen werden, können je nach Umgebung und Umständen nützlich oder schädlich sein. Wenn sie nützlich sind, wie der Magnetismus, bewirken sie eine Erneuerung der Vitalität im organischen Leben der Zellen; wenn sie aber schädlich sind, wie die tellurischen Ströme, erzeugen sie eine echte Unordnung im Leben der Gewebe und

Drüsen, was zu einer anarchischen Vermehrung von Zellen führen kann - mit anderen Worten, dem Beginn des Krebsprozesses."

Diese Theorie der umweltbedingten Schwingungen in den Hauptnervenzentren des menschlichen Körpers (welche Lakhovskys Theorie erweitert und vervollständigt) bietet uns eine zufriedenstellende Erklärung für das Geheimnis der Krebshäuser.

Die Geschichten, die ich Ihnen jetzt erzähle, können als wertvolle Beweise und Illustrationen dienen. Ich ziehe es vor, sie nicht im Stil einer Fiktion oder eines Berichts aus erster Hand zu erzählen, sondern ihnen die Schlankheit und Kraft eines administrativen Berichts der Ereignisse in chronologischer Reihenfolge zukommen zu lassen.

Alle Friedhofswärter staben an Krebs

Der Stadtrat von Clermont-l'Hérault, einer kleinen Stadt im Weinbaugebiet Hérault, Frankreich, beschloss eines Tages, ein Haus zu bauen, in dem der Friedhofswärter der Stadt untergebracht werden sollte.

Das Haus sollte am Rande einer Straße stehen, auf einem Grundstück, das von einem seit vielen Jahren ausgetrockneten Bachbett durchzogen war. Ein Zementfundament wurde gegossen. Es riegelte einen Teil des Bachbettes ab. Die in dieser Tasche eingeschlossene Luft begann sich bald zu zersetzen. Diese Ionisierung setzte tellurische Strahlen frei, die in das Haus eindrangen und es für seine Bewohner gefährlich machten.

Der erste Friedhofswärter, der dort einzog, lebte nur noch zwei Jahre: er und seine Frau starben beide an Krebs. Seinem Nachfolger erging es nicht besser: Innerhalb von zwei Jahren gab es vier Krebstote in seiner Familie. Ein dritter städtischer Angestellter - ein kluger, skeptischer und absolut nicht abergläubischer Mann - trotzte bewusst dem Fluch, der auf dem Haus des Friedhofswärters zu liegen schien. Das war ein Fehler; sein Mut kostete ihn und zwei seiner Familienmitglieder das Leben. In sechs Jahren gab es neun Krebstote in diesem Haus.

Für die Einwohner der Stadt waren das zu viele. Niemand war mehr bereit die Stelle des Friedhofswärters zu übernehmen – eine Stelle die zuvor als Gefälligkeit begehrt und vergeben worden war. Der Bürgermeister, Monsieur Rouaud erkannte, dass es dringend notwendig war, seine Wähler zu beruhigen, indem er zunächst die tatsächliche und natürliche Ursache für all diese Todesfälle herausfand. Er wandte sich an zwei Rutengänger, die in der Region für ihre Kompetenz und Ehrlichkeit bekannt waren.

Nach einer gründlichen Untersuchung des Hauses kamen sie zu dem Schluss, dass die anormale Krebsepidemie durch die schädliche Strahlung aus der vom Zementfundament eingeschlossenen Schicht ionisierter Luft verursacht worden war. Sie empfahlen, die Luftzirkulation in dem trockenen Bachbett, das unter dem Haus verlief, wiederherzustellen. Dies wurde getan; es wurden Öffnungen in den Zement gebohrt, die eine Belüftung ermöglichten.

Das Haus wurde gesund und seither ist dort kein einziger Krebsfall mehr aufgetreten.

Menschen wurden durch die Behandlung eines Hauses geheilt

Ein verstopfter Schornstein

Hier ist ein weiteres - noch erbaulicheres Beispiel - soweit überhaupt möglich.

Monsieur Rousset, ein Postbeamter, lebte mit seiner Frau und seinen drei Kindern in einem alten Adelshaus in der Rue des Cannes in Montpellier, Frankreich. Einige Monate nach dem Einzug in das Haus erkrankten alle fünf Mitglieder der Familie. Der Arzt diagnostizierte eine korpuskulare hämolytische Anämie, deren Ursache er nicht erklären konnte.

Die von ihm verschriebenen Medikamente zeigten keinerlei Wirkung. Der Zustand seiner Patienten verschlechterte sich weiter. Als schließlich nichts mehr zu machen war, wurden ebenfalls Rutengänger hinzugezogen. Nachdem sie das Haus mit einem Pendel untersucht hatten, entdeckten sie einen Schornstein, der sowohl durch das Schlafzimmer der Eltern als auch durch das Kinderzimmer führte. Niemand hatte seine Existenz erahnt, da er bei der Modernisierung des alten Hauses und Aufteilung in Wohnungen an beiden Enden verschlossen worden war. Dies war ein weiterer Fall von schädlicher Strahlung, welche durch Ionisierung der Luft in einem hermetisch abgeschlossenen Raum verursacht wurde.

Die Luftzirkulation wurde durch eine Öffnung des Schornsteins an beiden Enden wiederhergestellt und die ganze Familie erholte sich. Die Untersuchung ergab, dass sich der Bestand ihrer roten und weißen Blutkörperchen wieder normalisiert hatte. Ihre Genesung überraschte den Arzt sehr; er hatte keine Ahnung davon, dass es manchmal notwendig sein konnte ein Haus zu behandeln, um seine Bewohner zu retten.

Definition "Schädlicher Wellen"

Diese beiden Beispiele zeigen den aggressiven Mechanismus von Krebshäusern: Sie befinden sich in einem Feld schädlicher Strahlungen, die eine bestimmte Schwingungsumgebung verursachen, welche wiederum die Funktionsfähigkeit der Lebenszentren der Bewohner stört. Aber was sind Natur und Ursprung dieser schädlichen Wellen?

Ob wir sie nun schädliche Wellen oder tellurische Strömungen nennen, wir müssen versuchen, sie genauer zu definieren. Die von Bélizal und Morel gegebene Definition scheint mir die präziseste und vollständigste zu sein: "Trägerwellen, die von Anomalien im Untergrund, von tellurischen Wasserströmungen oder von verschiedensten Ursachen herrühren und von Trägerwellen übertragen werden, welche sich ebenfalls im Untergrund ausbreiten. Sie beeinflussen den Schwingungsrhythmus der Zellen eines Lebewesens und verursachen ein für die Gesundheit schädliches Schwingungsungleichgewicht."

Dies scheint mir eine klare und präzise Beschreibung zu sein, die uns helfen sollte dieses mysteriöse Phänomen wahrzunehmen und zu verstehen.

Ich möchte die Definition um etwas ergänzen, das sich aus den aktuellen Gegebenheiten ergibt: Diese schädlichen Wellen können auch durch die giftigen Abfälle der Moderne hervorgerufen werden, wie Fabrik- und Autoabgasen, die die Luft verschmutzen, chemische oder radioaktive Abfälle, die fließende Gewässer und manchmal sogar das Meer verschmutzen, sowie chemische Düngemittel, die alle Lebensmittel vergiften.

Dazu kommt eine weitere scheinbar unverdächtige und sehr geheimnisvolle Quelle dieser schädlichen Wellen: bestimmte Objekte, Figuren, Zeichnungen oder Körper, die aufgrund ihrer Form Wellen aussenden, so genannte Formwellen, deren Auswirkungen nahezu unglaublich sind, obwohl sie oft mit bloßem Auge beobachtet werden können. Ich werde später noch ausführlicher auf sie eingehen.

Ausgleichende Kräfte

Wir müssen außerdem noch verstehen lernen, warum schädliche Wellen nur an bestimmten Orten auftreten. Warum greifen diese unsichtbaren, geheimnisvollen Kräfte, die eher durch ihre Auswirkungen als durch ihre Natur oder ihren Ursprung bekannt sind, Menschen in einem Haus an und in einem anderen nicht?

Zur Beantwortung dieser Frage möchte ich erneut auf die Erklärungen von Bélizal und Morel zurückgreifen:

> Wenn die lebende Zelle wachsen, reifen, altern und letztendlich nicht an Krankheiten, sondern an Alter und Abnutzung sterben soll, muss sie während ihrer gesamten Existenz notwendigerweise in einem Gleichgewicht zweier Kräfte schwingen: (a) der tellurischen Kraft, die aus dem Zentrum der Erde aufsteigt und dazu neigt, in die Atmosphäre zu entweichen und (b) der kosmischen Kraft, die aus dem Kosmos, unserer Galaxie und unserem Sonnensystem kommt und die tellurische Kraft ständig bombardieren sollte, um sie zu neutralisieren.

> Solange sich die lebende Zelle in einem Gleichgewicht dieser beiden Kräfte befindet, ist sie vor allen Übeln, die das Leben besiegen, sicher - vorausgesetzt, keine zufälligen sekundären Ursachen kommen dazwischen; wenn aber aus irgendeinem Grund eine der beiden Kräfte fehlt - und das ist immer die kosmische Kraft -, entsteht ein Ungleichgewicht, das bald Krankheiten der verschiedensten Formen hervorbringt.

> Der Zustand der Krankheit entsteht also durch ein vibrierendes Ungleichgewicht, das durch etwas entsteht, das wir den Zusammenbruch der ausgleichenden Kräfte genannt haben.

In der Praxis geschieht folgendes: da die tellurische Schwingung eine Trägerwelle ist, breitet sie sich - wenn sie nicht mehr durch die kosmische Schwingung "kompensiert" also ausgeglichen wird - auf eine Weise aus, die jegliche Radioaktivität, Verunreinigungen, Zerfallsprodukte und schädliche Kräfte aller

Art aufnimmt, welche sich im Boden befinden. Diese zahllosen schädlichen Kräfte werden erst dann zu einer Gefahr, wenn sie eine Möglichkeit haben, in die Atmosphäre zu entweichen. Das ist die tellurische Trägerwelle, die in Bezug auf die modulierte Welle am Boden die gleiche Rolle spielt, wie die Hertzsche Welle im Äther".

Der Kompass der Krankheiten

Jedes Haus, das sich an einem Ort befindet, an dem es aus dem einen oder anderen Grund zu einem Zusammenbruch der ausgleichenden Kräfte kommt, ist für die Bewohner gefährlich und kann sogar zu Recht als tödliches Haus bezeichnet werden.

Die Erfahrung zeigt, dass die Bewohner je nach Richtung der Bruchlinie eher von der einen als von der anderen Krankheit bedroht oder befallen werden. Verläuft die Linie beispielsweise in Ost-West-Richtung, so wird sie die Entwicklung von Krebs eher begünstigen als eine andere Krankheit. Diese Besonderheit ist eines der seltsamsten Merkmale dieses ökologischen Geheimnisses. Man kann sogar sagen, dass in diesem gewaltigen Konzert der Turbulenzen jede Frequenz ihr privilegiertes oder bevorzugtes Krankheitsfeld besitzt.

Wo der Blitz einschlägt

Unter den zahlreichen Beobachtungen und Untersuchungen, die André Philippe, ein Elektronikingenieur, in Bezug auf Formwellen und die Theorie der kompensierten Kräfte gemacht hat, scheint mir eine besonders interessant zu sein: Eine Eigenschaft der negativ-grünen schädlichen Strahlung ist, dass sie die Atmosphäre beim Durchqueren ionisiert, was bedeutet (eine seltsame und bemerkenswerte Konsequenz!), dass Blitze nur dort einschlagen können, wo es unterirdische Wasserströme gibt, also genau dort, wo sich die negativ-grüne Strahlung an der Oberfläche manifestiert.

Bei einem Spaziergang in der Natur kann jeder- der Interesse an diesem neuen, unbekannten physikalischen Gesetze hat - leicht feststellen, dass alles, was vom Blitz getroffen wird, sei es ein Baum, eine Furche, ein Pfosten oder ein Stein, sich immer an einer Bruchlinie ausgleichender Kräfte befindet. Nur die starke Anziehungskraft eines nahegelegenen Blitzableiters ist in der Lage, den Blitz von seiner natürlichen Bahn abweichen zu lassen.

Durch eine Kombination der Kraft spitzer Gegenstände mit der Kraft der Ionisierung sollte es nun möglich sein, Blitze zu zähmen, zu kontrollieren wo sie einschlagen und sie dauerhaft unschädlich zu machen. Benjamin Franklin müsste sich im Grab umdrehen!

Häusliche Krankheiten

Welchen Ursprungs die schädlichen Wellen auch immer sein mögen, es steht außer Zweifel, dass der Mensch besonders verletzlich ist, wenn er ihnen im geschlossenen Raum seiner Wohnung ausgesetzt ist, weil er dann stundenlang in der gestörten Atmosphäre gebadet wird, welche seine angeborene Veranlagung für eine bestimmte Krankheit zu Tage fördert.

Im Falle einer ansteckenden mikrobiellen Krankheit kann man immer versuchen ein Haus von Schuld freizusprechen, indem man feststellt, dass die Infektion außerhalb des Hauses stattgefunden hat. Das stimmt zwar, aber es ist trotzdem sicher, dass die Mikrobe, die die Krankheit verursacht hat, sich nicht erfolgreich ausgebreitet hätte, wenn sie nicht auf einen Körper gestoßen wäre, der durch die schwingungsbedingte Störung seiner Nervenzentren auf eine Niederlage vorbereitet worden war. Wir können also ohne Furcht vor Irrtum die tellurische Strahlung verantwortlich machen, wenn wir mit Sicherheit sagen können, dass sie in das Haus eines Erkrankten eindringt.

Was psychosomatische Krankheiten anbelangt - jene unerklärlichen Krankheiten, die keine Ätiologie, keine Entwicklung und keine eindeutigen Symptome aufweisen und oft in keiner Sprache einen Namen haben, die Ärzte entmutigen, während sie gleichzeitig durch sie Geld verdienen, weil diese für eine Vielzahl von unheilbaren Patienten verantwortlich sind - können wir sagen, dass 70 Prozent von ihnen direkt und ausschließlich durch den schädlichen Einfluss des Hauses, in dem der Patient lebt, verursacht werden.

Ich nenne diese Krankheiten "Hauskrankheiten", weil sie von einem Haus ausgehen. Sie haben nur eine Ursache, aber ihre Erscheinungsformen sind zahlreich und vielfältig.

Ärzte versuchen immer zuerst, sie über das Organ, dessen Funktion sie zu stören scheinen, zu definieren und zu behandeln. Nachdem sie die Unwirksamkeit ihrer Behandlung festgestellt haben, beschränken sie sich darauf, Beruhigungsmittel ("Es ist ein nervöser Zustand") oder Stärkungsmittel ("Es ist nichts, nur ein wenig Müdigkeit") oder Mittel zur Wiederherstellung eines gestörten Stoffwechsels ("Ihr Stoffwechsel ist ein wenig gestört") zu verschreiben. All dies ist natürlich völlig nutzlos, da die eigentliche Ursache der Krankheit weder entdeckt noch beseitigt wurde.

Vielleicht verstehen Sie jetzt besser, warum es so viele Menschen mit Krankheiten gibt, die fälschlicherweise für eingebildet gehalten werden: Hysteriker, müde Menschen mit nervöser oder muskulärer Erschöpfung ohne klinisch nachweisbaren Grund, Insomniker, falsche Simulanten, die in Wirklichkeit an Krankheiten leiden, die sie nicht haben und manchmal sogar daran sterben. Sie alle wären gesund, wenn ihre Wohnungen oder Arbeitsplätze von den schädlichen Wellen, die sie befallen haben, gereinigt würden.

Das perfekte Verbrechen existiert

Wenn es nur Häuser gäbe, die Menschen krankmachen, könnten wir mit Skeptikern eine akademische Diskussion führen, die nicht an tellurische Ströme und unsichtbare Kräfte glauben. Aber es gibt auch Häuser, die im wahrsten Sinne des Wortes töten, vor allem Krebshäuser. Deshalb müssen wir den zuständigen Behörden in gutem Glauben mitteilen: "Wenn Sie keine notwendigen Maßnahmen ergreifen, um Krebshäuser entweder zu reinigen oder zu beseitigen, vernachlässigen Sie Ihre vorrangigste Pflicht, nämlich die Gesundheit der Bürger eines Landes zu schützen."

Die Beseitigung von Slums und Hütten, die Korrektur unhygienischer Zustände, der Bau komfortabler Wohnungen, die Luft und Sonnenlicht hereinlassen - das ist das Mindeste, was man von Stadtplanern und amtlichen Hygienediensten erwarten kann. Aber die wichtigste Aufgabe wurde noch nicht einmal in Angriff genommen: die Einsetzung eines Korps von Spezialisten, die in der Lage sind, die schwerwiegendste aller Gefahren, welche die Gesundheit der unter einem Dach lebenden Menschen bedrohen, zu entdecken, zu lokalisieren und dann zu neutralisieren - die schädlichen Wellen, die in bestimmte Häuser eindringen und eine Störung der Schwingungsumgebung verursachen, welche das Funktionieren der wichtigsten Nervenzentren des Körpers auf gefährliche Weise stören kann.

Ich behaupte, dass es gesünder und weniger gefährlich ist, in einer Hütte zu leben, die über einer Kloake gebaut wurde, als in bestimmten luxuriösen Gebäuden, die ich kenne, wie z.b. in der Avenue de Suffren und der Avenue Bosquet in Paris, die auf einer Bruchlinie ausgleichender Kräfte stehen.

Leider machen sich die Regierungsvertreter über unseren Unsinn lustig. Unsere Angst und Empörung bringen sie zum Lachen: "Häuser, die töten? Das gehört in eine Geistergeschichte, in einen Comic oder in einen Horrorfilm! Das kann doch nicht euer Ernst sein! Lasst uns in Ruhe an unseren grandiosen Projekten arbeiten und unsere engagierten Immobilienmakler bereichern und versucht nicht, uns mit euren dummen Geschichten über mörderische tellurische Strömungen ein schlechtes Gewissen zu verursachen!"

Das ist der Beweis, dass es das perfekte Verbrechen gibt.

Um wirklich perfekt zu sein, muss nicht nur der Mörder unverdächtig, sondern das Opfer muss eines scheinbar natürlichen oder zufälligen Todes gestorben sein.

Wenn der Täter eines perfekten Verbrechens ein menschliches Wesen ist, wird er in der Regel (sogar in Kriminalromanen) am Ende entdeckt und bestraft. Aber wenn der Mörder ein Haus ist, wird das Verbrechen mehr als perfekt, denn niemand - weder die Polizei, noch Richter, Stadtplaner, Architekten, Ärzte, die Regierung, die Öffentlichkeit, die Presse, das Fernsehen oder die Opfer selbst - ist bereit, die unwahrscheinliche Möglichkeit zu glauben oder auch nur in Betracht zu ziehen, dass ein Haus töten kann. Ausgenommen natürlich ein paar Verrückte wie ich selbst!

Doch es gibt tatsächlich unzählige Häuser, die töten. Viele Menschen kennen mindestens eines solcher Häuser ihrer Freunde und Bekannten, aber nur wenige haben den Mut, darauf hinzuweisen und es zu beschuldigen! Aber warum Beispiele anführen? Sie würden ihnen zur Ehre langweilig werden. Die Fälle ähneln sich alle, sie unterscheiden sich nur in der Anzahl der Opfer pro Quadratmeter und Jahr.

Diese Tragödien werden manchmal dadurch noch mysteriöser, weil der Mörder eine Maske trägt und unverdächtig erscheint. Bevor wir ihn namentlich anklagen können, müssen wir eine Untersuchung durchführen, die über bloße Vermutungen hinausreicht. Wir denken vielleicht, dass es sich nur um ein gewöhnliches Krebshaus handelt, aber entdecken dann, dass die Opfer unter Schicksalsschlägen gefallen sind, die in keiner Weise pathologisch sind, sondern dass sie Spielfiguren in einem tödlichen Spiel sind, welches von einer unbekannten Macht organisiert wird.

Ich denke zum Beispiel an einen seltsamen, ziemlich erschreckenden Fall, der mir ohne jede Variante einer Erklärung gemeldet wurde. Er betrifft ein Haus in Plouguenast, im Bezirk Côtes-du-Nord in Frankreich.

"Dieses Haus", schrieb mir mein Korrespondent, "wurde Ende des neunzehnten Jahrhunderts von einem Dorfpfarrer gebaut, der nicht im Pfarrhaus wohnen wollte. Er starb eines plötzlichen Todes, während er beim täglichen Lesen seines Breviers Gott gebeten hatte, ihn zu verschonen. Der zweite Besitzer des Hauses starb auf die gleiche Weise, und auch der dritte. Der vierte war ein Kapitän zur See; auch er starb plötzlich - er war noch in den Vierzigern - wenige Monate, nachdem er das Haus in Besitz genommen hatte. Seitdem ist es unbewohnt. Wenn der nächste Besitzer dort einzieht, wird es wahrscheinlich einen weiteren Todesfall geben."

Mein Korrespondent wurde in diesem Haus geboren; seine Großmutter, eine der Eigentümerinnen, starb darin. Das Auffälligste an dieser Serie von plötzlichen Todesfällen ist, dass es bei jedem Besitzerwechsel nur ein Opfer gab; kein weiteres Mitglied der Familien, die das Haus nacheinander bewohnten, war jemals von dem Fluch betroffen. Es ist, als würde sich ein sparsamer Erzfeind damit begnügen, jedes Mal, wenn das Haus den Besitzer wechselte, eine Provision in Form eines Opfers zu kassieren.

Das Gemetzel geht weiter

Hier ist ein weiterer Fall, in dem das Gemetzel, das etwa 1937 begann (zumindest soweit ich weiß, obwohl es aber auch schon früher begonnen haben kann) immer noch andauert. Nach jeder Leiche in diesem Haus, am Ende jedes blutigen Kapitels, schreibt die Hand des Schicksals mit unsichtbarer Tinte einen erschreckenden Hinweis, den allerdings niemand beachten wird: "Fortsetzung folgt."

Auf den ersten Blick spürt man, dass es sich um ein verfluchtes Haus handelt. In einem kleinen Dorf namens R. an der Route Nationale 6, wenige Kilometer von Sens, Frankreich entfernt, gibt es zwei einander gegenüberstehende Gasthäuser. Das eine ist immer gut besucht, das andere immer verlassen; niemand hält sich gerne darin auf, weil die Erinnerung an die Verbrechen und Tragödien, die sich dort abgespielt haben, an den Wänden haften blieb.

Ich werde lediglich Fakten darlegen, aus denen der Leser seine eigenen Schlussfolgerungen ziehen kann.

1937 oder 1938 tötete der Besitzer dieses Gasthauses seine Frau und seine beiden Töchter und beging anschließend Selbstmord. 1944 brachte sich der neue Besitzer um, nachdem er zu viele gute Geschäfte auf dem Schwarzmarkt gemacht hatte. 1947 tötete der nächste Besitzer seine Frau und beging anschließend Selbstmord. 1952 wurde ein ehemaliger Sänger des Liberty's - eines Pariser Nachtclubs mit besonderem Ruf - der in dieses verfluchte Gasthaus gekommen war, um den Rest seiner Tage in Frieden zu verbringen, wahnsinnig. Wechsel des Besitzers. Fortsetzung folgt.

Erinnerungen einer Dichterin

Léon Daudet hatte Recht, als er sagte, dass "die Natur weder einfach, noch klar ist". Das wird uns bewusst, wenn wir die schädlichen Einflüsse untersuchen, die bestimmte Häuser befallen, und versuchen, ihre Ursache zu entdecken. Wir denken, es handele sich nur um einen Bruch der ausgleichenden Kräfte, um die Strahlung einer Erzlagerstätte, um ein Faraday'sches Phänomen oder um eine schlechte Laune der Baumaterialien - alle diese Ursachen wären physikalisch erkennbar - und müssen plötzlich aus eigener Erfahrung erkennen, dass Unglück und Krankheit von viel weiter her in dieses Haus kommen, dass der böse Zauber von unbekannten Kräften auf seine Bewohner ausgeübt wird. Da wir diese Kräfte nicht beherrschen können, müssen wir lernen, mit ihnen durch List und Kompromisse umzugehen.

Hier ein Beispiel von Dutzenden. In dem Gebäude am Square La Bruyére 3 in Paris wurde eine Poetin nicht durch ihre Gedichte, sondern durch ein schreckliches Verbrechen berühmt. Mit Hilfe ihrer Tochter ermordete sie ihren sanftmütigen Ehemann, verstaute seine Leiche in einem Koffer und gab sie auf einem Bahnhof auf. Ihr Name, Madame Bessarabo, ist immer noch in der Galerie monströser Verbrecher verzeichnet.

Ein Antiquitätenhändler in demselben Gebäude bekam ebenfalls die Auswirkungen des Fluchs zu spüren. Er tötete zwar niemanden, aber alle seine seltenen Pflanzen verfaulten ebenso wie die gewöhnlichen, die er für delikate Experimente verwendete. Der Weizen, den er in Töpfen angebaut hatte, wies mit Grünspan vergiftete Körner auf. Alle silbernen Gegenstände in seinem Laden waren von einem seltsamen Leiden befallen, einer Art Lepra, die kein chemisches Mittel entfernen konnte. Auf einer persönlicheren Ebene fügte ihm das Gebäude weiteres Unrecht zu, was ihn schließlich dazu zwang, es zu verlassen.

Das Gebäude am Square La Bruyére 3 wird in Polizeiberichten häufig im Zusammenhang mit mehr oder weniger tragischen Ereignissen erwähnt, wie sie in den Zeitungen gerne beschrieben werden: ein explodierender Wasserboiler, ein Selbstmordversuch, eine Eifersuchtstragödie usw. Kurzum, es ist ein Gebäude, in dem Menschen Probleme haben. Es ist vielleicht kein Haus, das tötet, aber es ist ein Haus, in dem Morde geschehen und in dem zu leben gefährlich ist.

Wenn man weiß, dass es über einem unterirdischen Nebenfluss der Grange Bateliére gebaut wurde, ist man versucht, einen Bruch ausgleichender Kräfte als einzige Ursache für alle Unglücke zu sehen, die es erlebt.

Das ist sicherlich die Ursache für einige dieser Unglücke, aber andere haben zweifellos einen anderen Ursprung. Ich kann nicht alles berichten, was ich über die Ereignisse weiß, die sich dort zugetragen haben, aber ich bitte Sie, mir zu glauben, wenn ich sage, dass ein Fluch auf bestimmten Wohnungen lastet. Die Epidemie des Unglücks wird sich fortsetzen, solange ihre geographischen und magischen Ursachen nicht behoben sind.

In diesem Fall scheue ich mich nicht, die genaue Adresse des fraglichen Hauses zu nennen, da es aufgrund des Verbrechens von Madame Bessarabo ebenso wie das Haus von Landru in Gambais zu einem Objekt öffentlichen Interesses geworden ist, so dass keine Gefahr besteht, dass ich seinem Ruf schaden könnte.

Ein anderes Beispiel, das so stark und tragisch ist, dass ich mir die grimmige Genugtuung nicht verkneifen kann, es zu zitieren, wurde mir von einer talentierten Sängerin gegeben, die das Unglück dank des Pariser Mietshauses, in dem sie dreizehn Jahre lang lebte, am eigenen Leib erfahren hat. Nachdem sie dort einzogen war, starb einige Tage später ihre Mutter und dann musste sie selbst eine schwere Operation über sich ergehen lassen. Der Fluch griff nicht nur ihre Gesundheit an: Er ruinierte ihr Glück, gefährdete ihren beruflichen Erfolg und zerstörte ihr Liebesglück. Sie hatte einen sehr lieben Freund, den sie jeden Tag sah; siebenundzwanzig Jahre lang hatte er ihr die Sicherheit einer großzügigen Zuneigung zuteilwerden lassen. Er starb urplötzlich in ihrer Wohnung, die nicht sein rechtmäßiger Wohnsitz war. Man kann sich leicht die sozialen und finanziellen Komplikationen vorstellen, die sich hieraus ergaben, denn sie war nur die "zweite Frau" in seinem Leben, obwohl sie diejenige war, die er am meisten geliebt hatte. Nach seinem Tod stand sie ohne Unterstützung, ohne Mittel und ohne Arbeit da, denn da sie auf die Sechzig zuging, konnte sie kein Gesangsengagement mehr finden.

"Nun", könnte man sagen, "was soll's? Wir alle kennen die Fabel von der Heuschrecke und der Ameise; es ist eine traurige Geschichte, aber was hat sie mit dem bösen Einfluss von Häusern zu tun? Gibt es irgendeinen Beweis dafür, dass das Unglück dieser Heuschrecke auf die Tatsache zurückzuführen ist, dass sie in einem bestimmten Gebäude lebte?"

Ja, es gibt sie. In den dreizehn Jahren, in denen sie dort lebte, blieb keine der fünfundfünfzig Familien in den anderen Wohnungen von Unglücksfällen verschont: Selbstmorde, plötzliche Todesfälle, schwere Krankheiten, Scheidungen, Arbeitslosigkeit, Inhaftierung usw. Diese Serie von Katastrophen lässt sich unmöglich durch Zufall oder Zufälle erklären. Wir haben es mit einem jener schrecklichen Häuser zu tun, die ihre Bewohner mit unerbittlicher Beharrlichkeit und in allen Bereichen angreifen.

Wenn man sich als jemand bezeichnen möchte, der weiß, wie man Häuser untersucht und Mängel in ihrer Konstruktion oder ihrer Lage entdeckt, braucht man beachtlich viel Phantasie. Es gibt viele Ursachen für bösartige Kräfte, die die Bewohner bestimmter Häuser angreifen und einige darunter sind ziemlich einzigartig. Um sie zu finden, muss man kunstreiche Hypothesen aufstellen und sich nicht damit begnügen, an vergangenen Erfolgen anknüpfen zu wollen.

Ich habe bereits zwei typische Fälle von Störungen erwähnt, die durch das Vorhandensein geschlossener, luftdichter Hohlräume verursacht wurden, in denen eine Ionisierung stattgefunden hatte. Um die Quelle der schädlichen Wellen zu eliminieren, genügte es, den geschlossenen Hohlraum zu öffnen und die Luft zirkulieren zu lassen; die Gesundheit des Hauses und seiner Bewohner waren wiederhergestellt.

Aber Diagnose und Behandlung sind nicht immer so einfach. Ich erinnere mich an ein Haus, das mich vor ein Problem stellte, über das ich mehrere Wochen lag nachgrübeln musste, bevor ich eine Lösung fand.

Es war ein kleines Bauernhaus in der Provence, hübsch anzusehen und anzufassen, das einen starken Eindruck von Glück und Gesundheit vermittelte. Doch meine Pariser Freunde, die es liebevoll restauriert hatten und nun mit Freude darin wohnten, beklagten sich, dass sie darin nicht schlafen konnten. Sie konnten buchstäblich die ganze Nacht kein Auge zumachen. Glücklicherweise konnten sie wenigstens tagsüber in einem nahe gelegenen Kiefernwald gemütliche Nickerchen machen. Aber nachts es war für sie absolut unmöglich in ihrem Schlafzimmer zu schlafen.

Kein Medikament konnte ihre Schlaflosigkeit überwinden. Merkwürdigerweise verursachte sie keine Depression, Muskelermüdung oder nervöse Erschöpfung. Im Gegenteil, sie fühlten sich immer "gut drauf", als ob ihre Batterien in den schlaflosen Nächten durch eine starke Energie aufgeladen wurden: Sie waren geistig vollkommen fit und hatten mehr Energie für Arbeit, Freizeit und Vergnügen als gewöhnlich.

In diesem Fall könnte man fragen, worüber sie sich dann beschwert haben? Sie ärgerten sich über ihren Schlafmangel. Die Reise durch die beängstigende Wüste des Lebens erscheint zu lang, wenn sie nicht in regelmäßigen Abständen durch

Oasen des Schlafes unterbrochen wird. Niemand kann ohne eine "Schlafpause" leben, auch wenn er keine Müdigkeit verspürt. Es ist unmöglich, vierundzwanzig Stunden am Tag der Arbeit oder dem Vergnügen zu widmen; etwa ein Drittel dieser Zeit muss dem Vergessen gewidmet werden, denn sonst wird man verrückt. Der zeitweilige kleine Tod des Schlafes ist für das Überleben und die Gesunderhaltung unerlässlich. Dies war der Grund für die Sorgen des Paares, das mich um Hilfe bat.

Zunächst überprüfte ich die Ausrichtung des Bettes; sie war perfekt. Dann untersuchte ich mit meinem Pendel sorgfältig den Boden, die Wände, das Dach, die Möbel und andere Gegenstände, ohne eine Quelle unsichtbarer Strahlung zu finden. Der Grund, auf dem das Haus stand, war ausgezeichnet: dielektrisch und aus Sand, Kies und Sandstein bestehend. Keine Spur einer geologischen Verwerfung, keine Höhle, kein unterirdisches Wasser, kein Minenschacht. Kein verstopfter Schornstein oder Durchlass. Im Umkreis einer halben Meile keine elektrische Hochspannungsleitung. Die Eichen- und Lärchenbalken waren vollkommen einwandfrei und neutral. Die alten Dachziegel, die seit dreihundert Jahren dem Sonnenlicht ausgesetzt waren, strahlten eine freundschaftliche Wärme aus.

Was die Möbel und anderen Gegenstände angeht, so habe ich jeden einzelnen von ihnen sorgfältigst mit meinem Pendel untersucht. Dem Pendel entgeht nichts, es reagiert auf die kleinste Spur von Strahlung. Es zeigte nichts Verdächtiges - keine abnorme oder beunruhigende Strahlung irgendwo im Haus.

Ich wollte schon aufgeben, als mir ein banaler Vorfall den Schlüssel zum Rätsel an die Hand gab.

Eines Tages wurde die Herrin des Hauses plötzlich von einem unerklärlichen Ohnmachtsanfall befallen. Sie befand sich in einem kleinen Zimmer im hinteren Teil des Hauses, mit Blick auf den senkrechten Einschnitt, der in die Seite des Hügels auf dem das Haus stand, gemacht worden war. Als sie in die Hocke ging, um ein Buch vom Boden aufzuheben, fühlte sie sich, als hätte sie einen harten Schlag gegen das Herz bekommen: Sie taumelte und musste sich an der Wand abstützen um nicht zu fallen, denn sie war kurz davor, in Ohnmacht zu fallen.

Da sie jung und kerngesund war, kam mir sofort der Gedanke, dass ihre Ohnmacht durch dieselbe Strahlung verursacht worden sein könnte, die sie nachts wachhielt und sich all meinen Bemühungen sie zu finden entzog.

Sie zeigte mir die Stelle, an der sie von der unsichtbaren Kraft angegriffen worden war. Ich bat sie, genau die gleiche Position einzunehmen, die sie eingenommen hatte, als sie die herannahende Ohnmacht spürte. Sie beugte die Knie, ging in die Hocke und ich sah, wie sie die Hand an ihr Herz legte und schwankend aufstand. Sobald sie sich aufrichtete, war die Ohnmacht verschwunden. Ich hatte die Lösung für das Problem gefunden.

Der einzige Nachteil eines Pendels ist seine absolute Präzision; es ist oft einfacher, mit dem Plan eines Hauses zu arbeiten, als mit dem Haus selbst. Der Strahl, der durch das Haus meiner Freunde ging, wäre meiner ersten Untersuchung nicht entgangen, wenn ich mit einem Plan gearbeitet hätte. In dem Wissen, eine sorgfältige Untersuchung durchgeführt zu haben und in dem Glauben, mein Pendel überallhin mitgenommen zu haben, hatte ich jeweils (manchmal nur um ein paar Zentimeter) den Strahl verfehlt, der meine Freundin mit der geradlinigen Präzision eines Laserstrahls getroffen hatte.

Um ihn zu finden, musste ich genau in der Höhe suchen, in der er sich ausbreitete. Bis jetzt war ich immer seitlich an ihm bzw. über oder unter ihm vorbeigegangen. Seltsamerweise verlief dieser unsichtbare Strahl etwa einen halben Meter über dem Boden durch das Zimmer: genau auf Höhe der Matratze, auf der das Paar jede Nacht gegen die Schlaflosigkeit ankämpfte. Ich hatte mein Pendel dicht über den Boden und dann über das Bett gehalten, ohne verdächtige Wellen zu registrieren. Die richtige Höhe war aber die, in der die junge Frau in die Hocke gegangen war, als sie den unerklärlichen Schock erlitt.

Von dort aus konnte ich mit meinem Pendel den geraden Weg des Strahls mit absoluter Präzision verfolgen. Er verlief in nordöstlich-südwestlicher Richtung durch das ganze Haus, eineinhalb Meter über dem Boden, gerade wie eine gespannte Schnur und nicht mehr als einen Achtel Zoll im Durchmesser. Er trat an einer Ecke des kleinen Zimmers ein, durchquerte einen Schrank an der gegenüberliegenden Ecke, ging durch eine mehr als einen Fuß dicke Wand, kam im Schlafzimmer meiner Freunde wieder heraus, streifte die Matratze ihres Bettes in einem Winkel, dass er den Kopf der ersten Person, die darauf lag und den Unterleib der zweiten traf und verschwand schließlich in einem Heizkörper auf der anderen Seite des Zimmers, welcher als Masse fungiert haben muss Der Strahl verließ das Haus nicht. Ich wollte wissen, wie er hineingekommen war. Ich fand heraus, dass er aus dem senkrechten Einschnitt im Hang hinter dem Haus kam.

Um ihn loszuwerden, musste ich entweder seine Quelle beseitigen oder ihn in den Boden schicken, bevor er in das Haus eindringen konnte. Die zweite Lösung war offensichtlich einfacher als die erste, also wählte ich sie. Um einen Pfahl der an der Stelle, an der der Strahl austrat, in den Hang getrieben wurde, wickelten wir dicken Kupferdraht in sieben Spiralen (in der Wissenschaft, der Symbolik und der Magie ist die Zahl Sieben immer bedeutsam und wirksam), wobei das Endstück der letzten Spirale in den Boden eindrang.

So geriet der Strahl in die Falle der Spiralen und wurde, anstatt durch das Haus zu gehen, in die Tiefe, aus der er gekommen war zurückgeschickt, bevor er Schaden anrichten konnte.

Meine Freunde können jetzt acht Stunden pro Nacht ruhig schlafen, haben aber das Gefühl nervöser und muskulärer Vitalität verloren, welches der Strahl ihnen auf unerklärliche Weise verliehen hatte.

Der Tod wird auf Wellenlängen gespielt

Um eine plausible wissenschaftliche Erklärung für einen solchen Strahl liefern zu können, bezieht man sich am besten auf die von Dr. Peyre aufgestellte Hypothese. Ihr zufolge (ich fasse zusammen und vereinfache) entsteht an der Kreuzung des Zusammentreffens eines tellurischen Stroms, welcher an der Erdoberfläche ein horizontales elektrisches Feld bildet, mit einem Magnetfeld, das von vertikalen kosmischen Strahlen gebildet wird, eine sehr starke und gefährliche Welle.

Was auch immer Ursprung und Natur dieser tellurischen Ströme sein mag, deren Auswirkungen wir so oft in unseren Häusern spüren - ob sie auf die Wirkung der Induktion zurückzuführen sind, die durch Schwankungen des Erdmagnetfeldes auf den leitfähigen Untergrund übertragen werden, direkt aus einer Erzader stammen oder von geologischen Verwerfungen, unterirdischen Bächen, trockenen Brunnen oder Bachbetten, verstopften und ionisierten Kellern oder Schornsteinen herrühren - es ist nützlich zu wissen, dass ihre Intensität und ihr Potenzial mit dem Herannahen eines Tiefdruckgebiets zunehmen, insbesondere kurz vor Regen. Dies erklärt das (oft beobachtete, aber nie erklärte) Wiederauftreten von pathologischen Störungen bei Menschen zur Zeit eines Gewitters.

Diese gefährlichen Ströme, die nur unzureichend bekannt sind, dringen umso leichter in unsere Häuser ein, als sie durch alles kanalisiert werden, was Elektrizität gut leitet: unsauberes Wasser (aus Waschbecken und Toiletten), feuchte Ritzen, im Bau verwendete Metalle, Rohre usw. Die Gefahr ist daher in modernen Häusern und Gebäuden, die nicht gegen den Boden hin isoliert sind, größer.

Im Allgemeinen kann man sagen und Statistiken belegen dies, dass Krebsfälle in feuchten Gebieten häufiger auftreten als in trockenen.

Es mag überraschen, dass die Evolution der Krankheit in Krebshäusern nicht immer gleich verläuft: Sie variiert von langsam bis schnell und scheint manchmal fast zu explodieren. Da dieselbe Ursache normalerweise die gleiche Wirkung hervorrufen sollte, könnte dies uns auf schleichende Weise dazu verleiten, eine Existenz tellurischer Ströme abzulehnen und damit indirekt die Existenz von Krebshäusern selbst zu leugnen.

Das wäre aber eine schlechte Argumentation. Gerade in der tellurischen Ursache von Krebs müssen wir eine Erklärung für die Unterschiede in der Entwicklung der Krankheit suchen. Diese Entwicklung verläuft, je nach der Frequenz der (mehr oder weniger aktiven) Strahlen, die die Schwingungsumgebung des Patienten verändern, schneller oder langsamer.

Der Tod wird also auf verschiedenen Wellenlängen, Frequenzen und Intensitäten gespielt - wie eine Symphonie oder eine Radiosendung.

Einen besonders beunruhigenden zusätzlichen Beweis hierfür sehe ich in der Tatsache, dass der Tod wie ein pingeliger alter Mann in seinen Gewohnheiten verhaftet ist: Er holt sich seine Opfer gerne kurz vor dem Morgengrauen, der Zeit der Hinrichtungen.

Die zwei Stunden kurz vor Sonnenaufgang - sagen wir der Einfachheit halber im Sommer zwischen zwei und vier Uhr, im Winter zwischen drei und fünf Uhr - sind zweifellos für Schwerkranke die gefährlichsten. Dies ist die Zeit, in der die hartgesottensten Kämpfer versucht sind aufzugeben und die hartnäckigsten in Versuchung geraten, ihren Lebenswillen aufzugeben.

Für dieses Rätsel gibt es eine Lösung, die nicht nur emotional, sondern auch wissenschaftlich belegbar ist. Es ist erwiesen, dass das horizontale elektrische Feld der Erde in den zwei Stunden vor Sonnenaufgang seine Polarität umkehrt. Dieses Feld ist normalerweise negativ; indem es in der Morgendämmerung positiv wird, verstärkt es die Intensität der schädlichen Wirkungen (welcher Art sie auch immer sein mögen), welche Kranken und Schlaflosen zu dieser Zeit zusetzen und kann folglich den Tod verursachen oder beschleunigen.

Kapitel IV

TÖDLICHE HEILIGTÜMER

Je geringer die Intelligenz eines Menschen ist, desto weniger Rätselhaftes hat für ihn das Dasein selbst; es scheint ihm, dass alles seine eigene Erklärung in sich selbst trägt.

Schopenhauer

Wir haben die Auswirkungen der tellurischen Wellen auf die Bewohner der Häuser, welche sie durchdringen gesehen. Sie können mit bestimmten wissenschaftlichen Geräten, die auf Mikrovibrationen reagieren, gemessen werden. Es ist daher schwierig, ihre Existenz zu leugnen. Es handelt sich um greifbare Wellen.

Es gibt andere, die man mit Recht als abstrakt bezeichnen kann (was nicht bedeutet, dass sie nicht real sind). Dies sind die Wellen, die Dr. Leprince untersucht und in seiner Theorie der "Psychonen" beschrieben hat: Gedankenwellen.

Diese abstrakten Wellen können aufgefangen und in bestimmten Formen konkretisiert werden, wie sich jetzt in einer Weise zu beweisen beginnt, die auch die kritischsten Geister zufriedenstellt. Sie können Worte, Formen, Bilder, Botschaften - manchmal sogar detaillierte Vorschläge - übertragen, die in Form von Gedankenübertragung oder "Gedankenlesen" gesendet oder empfangen werden.

Experimente auf diesem Gebiet wurden von Dr. Leprince und später von den Brüdern Servranx aus Brüssel durchgeführt. Die Arbeiten wurden von amerikanischen Forschern des Rhine Institutes weitergeführt, aber die erzielten Erfolge wurden noch nicht offiziell bekannt gegeben, da sie offenbar durch Subjektivismus verunreinigt sind: die Ergebnisse variieren je nach den Personen, die die Experimente durchführen. Dennoch gibt es sie und ihre Aufzeichnung reicht zumindest aus, um die Realität der abstrakten Wellen zu beweisen, wenn auch nicht, um ihre Natur zu definieren.

Ich möchte nun Ihre Aufmerksamkeit auf eine besondere und viel geheimnisvollere Anwendung von Gedankenwellen lenken.

Mit Bedacht und in Übereinstimmung mit dem richtigen Ritual eingesetzt, können diese abstrakten Wellen einen dauerhaften Schutzwall um einen Ort errichten, den man vor Eindringlingen schützen möchte. Das Betreten ist jedem untersagt, der das Passwort nicht kennt, d.h. der nicht über die Modulation dieser Wellenlänge verfügt.

Es gibt keinen Grund, ungläubig zu lächeln. Es handelt sich um eine Tatsache, die in der alltäglichen Realität überprüft werden kann und ich schlage vor, sie Ihnen anhand einiger konkreter Beispiele zu demonstrieren.

Wir kommen nun zu dem sehr seltsamen Geheimnis der "Heiligtümer": geweihte, privilegierte oder verbotene Orte. Es ist wichtig, sich mit diesen Begriffen vertraut zu machen, wenn Sie schwerwiegende Pannen bei der Wahl Ihrer Wohnung vermeiden wollen. Es handelt sich um eine Frage der Vorsicht und der Sicherheit.

Käufer und Mieter von neuen Häusern müssen sich über solche Probleme keine Gedanken machen. Nur in alten Häusern gibt es Resteffekte von abstrakten Wellen, die manchmal sehr unangenehm sein können. Man findet sie auch abseits aller Mauern, in Teilen bestimmter privater Parks, auf Rasenflächen, in Wäldern, an Kreuzungen, auf Plätzen, vor Kirchen, Schreinen, Höhlen, Dolmen, Krypten, prädestinierten Hügeln und anderen Orten, die einst einem Sturm geistiger Energie ausgesetzt waren. Sie pulsieren noch immer mit dem Atem des Jenseits und sind in der Lage, den gleichgültigsten Passanten in ihren grausamen, unsichtbaren Stacheln zu fangen. In Kirchen und Schlössern gibt es Winkel, Grabsteine, verborgene Treppen oder geheime Räume, die durch ein gefährliches Netz von abstrakten Wellen verboten sein können. Es gibt sogar Straßen, die durch ihre Namen geschützt sind und sich in Nichts auflösen, sobald diese Namen geändert werden.

Verfluchte Orte, gesegnete Orte. Unsere Vorfahren waren sehr achtsam gegenüber immateriellen Einflüssen, die Orte beeinflussen. In den ländlichen Gebieten wurden Geschichten über sie von Generation zu Generation weitergegeben und ihr Wahrheitsgehalt konnte im Laufe eines Lebens wiederholt überprüft werden. Doch obwohl man die Auswirkungen beobachtete, versuchte niemand, ihre

Ursachen zu ergründen. Es genügte zu wissen, dass ein bestimmter Teich verflucht war: Tiere, die aus ihm tranken, bekamen Kokzidiose. Wenn man um Mitternacht an einer bestimmten Kreuzung oder einem Bildstock vorbeikam, bekam man Rückenschmerzen. Die Landschaft war voll von Orten mit bedeutungsvollen Namen: das Höllental, die verfluchte Wiese, der tödliche Felsen, der böse Schatten. Es gab auch Namen wie die sichere Schwelle, der lachende Engel, der singende Felsen und so weiter.

Wenn wir noch weiter in die Vergangenheit zurückgehen, stellen wir fest, dass es Orte gibt, an denen verschiedenen Gottheiten Heiligtümer geweiht wurden, die im Laufe der Jahrhunderte aufeinander folgten und Anhäufungen mystischer Ablagerungen hinterlassen haben. Orte, wie Chartre, Le Puy und Paris begünstigen das Gebet und den Glauben und sind hierfür prädestiniert. An all diesen Orten, die tief unter den Füßen der Mutter Gottes begraben sind, befinden sich Stufen der endlosen Treppe, die den Menschen zum Himmel führen.

Gleiches gilt für verfluchte Orte: Verbrechen, Unfälle, Krankheiten und Unglücksfälle aller Art wiederholen sich dort in einer bestimmten Frequenz, ganz wie es das Schicksal will, bis der "wunde Punkt" auf die eine oder andere Weise von dem Fluch befreit ist, der ihn durchdrungen hat.

Tödliche Abschnitte auf Straßen

An einem dieser berühmten "schwarzen Flecken auf der Straße", wo dem Dämon des Automobils Opfer in größerer Zahl als anderswo geopfert werden, können Unfälle oft dadurch verhindert werden, indem man eine Kurve anschrägt, eine Kreuzung beseitigt, einen Seitenstreifen verstärkt, eine Vertiefung auffüllt oder ein Verkehrsschild anbringt. Aber manchmal sind solche Techniken machtlos, um das Gemetzel zu stoppen. Das ist dann der Fall, wenn sich die Unfälle auf einer geraden, gut ausgebauten Straße ereignen, als würde ein unwiderstehlicher Magnet die Autos zu einem bestimmten Baum oder Telefonmast ziehen.

Diese tödlichen Straßenabschnitte gibt es wirklich. Autos verunglücken in spektakulären Zusammenstößen an Stellen, die Straßenbauingenieure nicht unschädlich machen können. Gibt es dafür eine Erklärung?

Es liegt auf der Hand, dass diese Orte verflucht sind oder besser gesagt in grauer Vorzeit mit einem Verbot für Eindringlinge "geweiht" wurden. Natürlich hat sich das moderne Straßennetz nicht an solche unsichtbaren Tabus gehalten. Meiner Meinung nach werden diese vor langer Zeit durch Gedankenwellen errichteten Barrieren fortbestehen und wirksam und gefährlich bleiben, bis sie ein Eingeweihter durchbricht und durch die Durchführung der entsprechenden rituellen Formalitäten zum Verschwinden bringt. Technik und Wissenschaft tragen viel zu unserem Komfort bei, aber ich muss zugeben, dass man in bestimmten Bereichen zur Lösung von Sicherheitsproblemen besser einen Hexenmeister als einen Ingenieur hinzuziehen sollte.

Der Hexenmeister und der Ingenieur

Müsste ich einen Artikel für die Sensationspresse schreiben, würde ich wahrscheinlich nicht zögern, mit vielen pittoresken Details zu erzählen, wie zwei Freunde von mir - Experten für Heiligtümer - versuchten, bestimmte besonders mörderische "schwarze Flecken" auf Straßen zu neutralisieren. Aber da die Leser dieses Buches weniger zahlreich, aber dafür seriöser sind als die irgendeiner großen Zeitung, kann ich darauf verzichten, die komischen Zeremonien, deren Zeuge ich wurde und die seltsamen Mummenschanzspiele zu beschreiben, welche die beiden Brecher abstrakter Wellen zum großen Erstaunen der vorbeifahrenden Autofahrer am Straßenrand aufführten.

Es war unbestreitbar ein lustiger Anblick, aber das Ergebnis hatte nichts Lächerliches an sich.

Wir hatten drei Orte ausgewählt, die für die Anzahl und Qualität ihrer Opfer bekannt waren. Der erste lag an der Route Nationale Nr. I, der "Straße der drei Musketiere", wo am Rande desselben Grabens reiche Anwälte und Finanziers den Tod gefunden hatten. Auf der zweiten, der Route Nationale Nr. 6, starben ein junger und sympathischer Nobelpreisträger, der alle Gaben außer der des Stils besaß und ein Schriftsteller, der zwar ebenfalls wunderbar begabt war, aber weniger hoch belohnt wurde. Die dritte, die Autoroute de l'Esterel, war wahrlich die Höhle des Minotaurus: Junge Filmstars wurden dort regelmäßig dem Appetit des Ungeheuers geopfert.

Mit aller Ernsthaftigkeit, zu der ich fähig bin, behaupte ich, dass diese ungewöhnliche Art einer Lösung von Verkehrssicherheitsproblemen als ein Beispiel dienen sollte, dem man folgen sollte. Wo immer man feststellt, dass sich Autounfälle häufiger ereignen, als sie durch offensichtliche physikalische Gründe erklärt werden können, ist es weder lächerlich noch unehrenhaft zu versuchen, die Situation mit ungewöhnlichen Mitteln zu verbessern. Der Hexenmeister mag dann nützlicher sein als der Ingenieur; jeder muss sich an den Ergebnissen messen lassen, die er erzielt.

Eine unerbittliche Nemesis

Die Diskussion über Autounfälle ist nur eine scheinbare Abschweifung; sie hat mich nicht von meinem Thema abgebracht, denn es gibt in der Natur keinen Unterschied zwischen der unsichtbaren Kraft, die ein Auto von einer geraden, ebenen Straße abkommen lässt und der Kraft, die in einem geschlossenen Raum zwischen vier Wänden ausgeübt wird.

Ein verfluchter oder gesegneter Ort, ein Sanktuarium, kann sich sowohl innerhalb als auch außerhalb eines Gebäudes befinden; es kann sowohl ein Altar in einer Kirche wie auch ein Schrank in einem Haus sein.

Es lohnt sich, die Modalitäten der Weihe zu studieren, denn sie variieren je nach Weihe - wobei zu bedenken ist, dass jeder Ort Gott einem Heiligen, einem Helden, einem Genie, einem Dämon, einem niederen Geist, einem Mythos, einer Tugend, einer Abstraktion, einem lebenden oder verstorbenen geliebten Menschen und sogar sich selbst geweiht werden kann.

Die Wirkung der Weihe hängt von den Absichten des Weihenden ab. Manchmal handelt es sich lediglich um eine höfliche, rein verbale Zeremonie. Mit Hilfe von Routine und mangelndem Glauben sind es oft Weihen dieser Art, die - ohne Wert und Wärme - von den neuen katholischen Priestern, welche kein Latein mehr verwenden, durchgeführt werden.

Es ist sicher, dass die Stärke und Dauerhaftigkeit einer Weihe von der geistigen Kraft und dem Einweihungsgrad des Weihenden abhängen. Dies erklärt, warum eine Zeremonie, die in einer radikal säkularen Form durchgeführt wird, oft viel wirksamer sein kann als Riten, die von einem unwürdigen Priester durchgeführt werden. In öffentlichen Bedürfnisanstalten gibt es Graffitis, die sozusagen durch die Kraft des Wunsches oder der Abscheu des Schreibers spirituell (radio)aktiv werden. Es gibt an Gebäuden angebrachte Gedenktafeln, die besser als alle Inschriften an den Fassaden von Tempeln das Böse abwehren bzw. gute Kräfte anziehen.

Wenn eine Weihe nach den Regeln und mit der richtigen Kraft vorgenommen wurde, hat sie im Prinzip für immer Bestand. Wenn ihr Gegenstand eine Gottheit, ein Held, ein Mythos oder ein Symbol ist, kann sie nicht verblassen, sich verflüchtigen oder abnutzen. Selbst ein Sakrileg unterdrückt sie nicht, sondern überdeckt sie nur und verschlimmert sie gleichzeitig. Wenn das Sakrileg öffentlich ist, ist ebenfalls eine öffentliche Sühnezeremonie unabdingbar notwendig, um die gestörte Harmonie wiederherzustellen.

Wenn das Sakrileg im Geheimen stattgefunden hat, kann keine Wiedergutmachung erfolgen. Es gibt keine Abwehr oder keinen Schild für den Täter. Er wird zum Ziel des Bumerangs, den er geworfen hat. Da keine Sühne den Affront wiedergutmachen kann, ist der Rückstoß manchmal erschreckend. Der unbekannte Übeltäter hat keine Chance zu entkommen; wohin er auch geht, wie gut er sich auch schützen mag, seine unerbittliche Nemesis - durch seine Tat in Gang gesetzt - wird ihn unweigerlich finden und treffen.

Ein eher hundeköpfiges Baby

Eine ziemlich grausame Anekdote wird ausreichen, um zu veranschaulichen, was ich ausdrücken möchte.

Vor fünfzehn Jahren ging ein junger Freund von mir, ein Medizinstudent, mit einer Prostituierten in die Pariser Saint-Roch Kirche und trieb mit ihr während des Gottesdienstes - versteckt in einem Beichtstuhl - Unzucht.

Als aggressiver antireligiöser Atheist verübte er seine "Heldentat" als bewusstes Sakrileg und nicht nur als einen jener skandalösen Scherze, die Medizinstudenten so gerne ausführen.

Die Jahre vergingen. Nachdem er Arzt geworden war, heiratete er eine junge Frau, die Pfadfinderführerin war. Sie waren ein sympathisches, gesundes Paar auf dem Weg zu sozialem Erfolg und Familienglück.

Alles, was sie für dieses Glück noch benötigten, war ein Kind. Es wurde nach neun Monaten auf ganz natürliche Weise geboren. Es war ein Ungeheuer mit einem hundeähnlichen Kopf, eine Art unförmiger, eitriger, purpurner, schlabbriger Gallertklumpen, auf dessen Stirn sich eine Schwellung befand, die vage an ein Bildnis des Heiligen Rochus erinnerte.

Das Baby lebte ein Jahr lang, viel länger als sein Vater brauchte, um seine Taten zu sühnen oder zumindest zu bereuen.

Eine unheimliche Serie bei Uruffe

Eine Geschichte, deren Protagonist ich sehr gut kannte, führt mich dazu, die unbegreifliche Nemesis, welche aufeinanderfolgende Bewohner eines einzigen Gebäudes zu verfolgen scheint, ähnlich zu interpretieren.

Ich denke dabei insbesondere an die Kirche von Uruffe, in der einer der Priester, Pater Desnoyers, ein ebenso seltsames wie grausames Verbrechen beging: Am 1. Dezember 1956 erschoss er seine im achten Monat schwangere Geliebte, führte dann an ihrem toten Körper einen monströsen Kaiserschnitt durch, holte ihr Kind (das auch seins war) lebend heraus, taufte es mit bereits geöffneten Augen, stach ihm ins Herz und entstellte es schließlich durch einen Schnitt im Gesicht. Das Verbrechen war außergewöhnlich, sowohl wegen der schrecklichen Umstände als auch wegen der Motive des Mörders. Um die Tat zu erklären, müssen wir davon ausgehen, dass irgendjemand in ferner Vergangenheit an der Stelle der Kirche ein Sanktuarium geweiht und einen Fluch über jeden verhängt hat, der es verletzt. Der Fluch wurde durch die neue Weihe, die der Ort später erhielt, als dort eine andere Kirche gebaut wurde, nicht verändert. Solange eine bestimmte Zeremonie nicht durchgeführt wird, ist die Kirche von Uruffe für den Priester, der sie betreut, gefährlich.

Der Nachfolger von Pater Desnoyers in dieser tabuisierten Kirche starb ebenfalls eines gewaltsamen Todes: Er pilgerte ins Heilige Land, vielleicht um das Verbrechen seines Vorgängers zu sühnen und wurde von Banditen getötet. Wenn wir noch weiter zurückgehen, finden wir ein weiteres Opfer, das der tragischen Liste hinzugefügt werden kann: Der unmittelbare Vorgänger von Pater Desnoyers wurde getötet, als er nach der Messe die Stufen des Altars hinabschritt. Es handelte sich um einen einzigartigen Unfall, der in der Kirchengeschichte ohne Beispiel ist.

Es handelt sich also um drei aufeinanderfolgende Priester von Uruffe, denen seltsame Unglücke widerfahren sind. Wenn ich Zeit hätte neugierig zu sein, würde ich in den Archiven der Kirche und der Gemeinde nachforschen und sicher Spuren anderer Opfer des Fluchs finden, den ein Herr unbekannter Wellen gegen alle Schänder seines Sanktuariums ausgesprochen hat. Historiker des Unheimlichen können in dieser Richtung weiter forschen; sie werden nicht enttäuscht werden. Ich für meinen Teil werde an dieser Stelle nicht fortfahren: die Dreierserie scheint mir bedeutsam genug.

Die achtzehn Opfer des Pharaos

Wenn wir uns mit dem Mysterium von Heiligtümern befasst und versucht haben, die Natur der unsichtbaren Verteidigungsanlagen zu verstehen, die sie schützen, kommen wir nicht umhin zumindest am Rande auf das zu verweisen, was man in der Polizeisprache als den Fall Tutanchamun bezeichnen könnte. Alle, die das Grab des Pharaos geschändet hatten, wurden "bestraft" (mit einer Ausnahme). Es war, als hätte der Schutz des Sanktuariums auch nach fünfunddreißig Jahrhunderten immer noch mit perfekter Effizienz funktioniert.

Diese abergläubische Erklärung brachte die Rationalisten natürlich zum Schmunzeln. Für sie sind die achtzehn Menschen, die dem Fluch des Tutanchamun zum Opfer gefallen sein sollen, alle eines natürlichen Todes gestorben; dass alle achtzehn vorzeitig und unter seltsamen Umständen ums Leben kamen, sei nur ein Zufall.

Jedes Mal, wenn die Vernunft über den Aberglauben triumphiert, sollten wir jubeln. Aber obwohl ich den Streit um den Fall Tutanchamun nicht neu aufrollen oder gar kommentieren möchte, würde ich dem Leser gerne genügend Informationen zukommen lassen, damit er sich seine eigene Meinung bilden kann. Eine kurze chronologische Zusammenfassung der Ereignisse, die von niemandem bestritten wird, wird es jedem ermöglichen, die Schlussfolgerung zu ziehen, die ihm richtig erscheint.

Am 25. November 1922 wurde das Grab von Tutanchamun, einem Pharao der achtzehnten Dynastie, von zwei Engländern entdeckt: Lord Carnarvon und Howard Carter. Es enthielt den „fantastischsten archäologischen Schatz aller Zeiten".

An seinem Eingang befand sich diese Inschrift: "Wer den Pharao berührt, wird von den Flügeln des Todes berührt."

Es dauerte zehn Jahre, bis alle Kammern des Grabes geöffnet und alle sagenhaften Schätze herausgeholt worden waren. Doch der Tod begann sein Werk bereits lange vor Ablauf dieser Zeit.

Es war Lord Carnarvon, der die tragische Liste anführte. Als er im Sterben lag, hörte man ihn mehrmals den Namen Tutanchamun aussprechen. Mit seinen letzten Worten sagte er, er habe "den Ruf gehört". Im selben Moment - natürlich nur ein Zufall - gingen im ganzen Haus die Lichter aus. Die Krankheit, an der Lord Carnarvon starb, wurde nie genauer benannt; seine Ärzte behaupteten, er sei an einem Mückenstich gestorben!

Sechs Monate später starb auch sein jüngerer Bruder, Oberst Aubrey Herbert, an einer unerklärlichen Krankheit. Dann starb die Krankenschwester, die sich um ihn gekümmert hatte.

Richard Bethell, Howard Carters Privatsekretär, war einer der ersten, die das Grab betreten hatten; er war auch einer der ersten, der starb.

Professor La Fleur, ein enger Freund von Carter, kam aus wissenschaftlicher Neugier nach Luxor, um bei den Arbeiten zu helfen. Zwei Wochen nach seiner Ankunft starb auch er an einer mysteriösen Krankheit. Der Wissenschaftler Arthur Mace starb ebenfalls; nachdem er die geheimen Kammern des Grabes betreten hatte, spürte er, wie ihn seine Kräfte verließen, und legte sich in sein Bett, das er nicht mehr verließ.

Noch tragischer war der Tod von Dr. Evelyn-White, einem berühmten Archäologen, der als einer der ersten die Kammer betrat, in der die Leiche des Pharaos lag: Er erhängte sich. Um seine Verzweiflungstat zu erklären, schrieb er in seinem Abschiedsbrief, er sei "einem Fluch erlegen".

Archibald Douglas Reed, ein weiterer englischer Wissenschaftler und Beamter der ägyptischen Regierung, wurde beauftragt Röntgenbilder der Mumie anzufertigen, bevor sie dem Kairoer Museum übergeben wurde. Am Tag nach der Übergabe erkrankte er; drei Tage später war er tot. Er war ein gesunder Mann mit einer robusten Konstitution. Niemand kennt den Namen der Krankheit, an der er starb.

Diese mysteriösen Todesfälle erregten die öffentliche Meinung. Ein hochrangiger ägyptischer Regierungsbeamter, der die Angelegenheit aufklären wollte, beschloss, eine persönliche Untersuchung durchzuführen. Er begab sich zu dem Grab und begann mit seinen Nachforschungen. Nach einigen Tagen fühlte er sich sehr krank und musste nach Kairo zurückkehren, um das Bett zu hüten. Ein paar Stunden später war er tot.

Insgesamt standen achtzehn Namen auf der tragischen Liste. Achtzehn Personen, die alle auf die eine oder andere Weise an der Schändung des Grabes von Tutanchamun beteiligt waren. Zu diesen Wissenschaftlern kommen noch einige indirekte Opfer hinzu. Sie hatten das Grab nie betreten, gehörten aber zur Familie eines der Schänder oder hatten Gelegenheit, einen heiligen Gegenstand aus dem Grab zu berühren. So beschloss der ägyptische Rundfunk anlässlich des muslimischen Neujahrsfestes 1939, seinen Hörern die Kriegstrompeten Tutanchamuns vorzuspielen. Das Kairoer Museum erklärte sich bereit, die kostbaren Instrumente auszuleihen, welche es sechzehn Jahre lang unter Glas aufbewahrt hatte. Der Wagen, der sie vom Museum zum Sendestudio brachte hatte einen Unfall, bei dem der Fahrer ums Leben kam. Die Trompeten blieben unbeschädigt. Kurze Zeit später wollte ein Musiker gerade auf einer der Trompeten spielen, als er neben dem Mikrofon tot umfiel.

Ein weiteres Beispiel: Mohammed Mehri, Direktor der ägyptischen Altertümer des Kairoer Museums, starb 1967 plötzlich an einer Gehirnblutung - kurz nachdem er mit der französischen Regierung ein Abkommen unterzeichnet hatte, welches vorsah, dass der Schatz des Tutanchamun Ägypten für eine gewisse Zeit verlassen und in Frankreich ausgestellt werden sollte. Die Ausstellung fand im Petit Palais in Paris statt. Sie ermöglichte es mehr als einer Million Besuchern, die goldene Maske des jungen Pharaos zu sehen.

Ob es nun ein Zufall oder die Fortsetzung eines Fluches war: Mohammed Mehris Nachfolger fiel nur ein paar Jahre später dem gleichen "Unfall" unter gleichen Umständen zum Opfer: im Februar 1972 hatte Gamal Mehrez gerade einen Vertrag für eine bevorstehende Tutanchamun-Ausstellung in London unterzeichnet, als er an einer Hirnblutung starb.

Das Merkwürdigste an der ganzen Angelegenheit ist, dass der einzige, der dem Fluch entkam, der "Schuldigste" von allen war - der Mann, der die Arbeit von Anfang bis Ende leitete, die Entdeckungen inventarisierte, den Schatz übergab und, kurz gesagt, die ganze Verantwortung und den ganzen Ruhm des Unterfangens trug: Howard Carter starb 1939 im Alter von sechsundsechzig Jahren.

Dies ist ein starkes Argument zur Unterstützung der rationalistischen Sichtweise, welche die Vorstellung ablehnt, dass ein Fluch diejenigen töten kann, die die Heiligkeit eines bestimmten Ortes verletzen. Es ist immer besser, nach natürlichen Ursachen für Mysterien zu suchen. Für diejenigen, die nicht glauben, dass Zufälle eine zufriedenstellende Erklärung darstellen, möchte ich jedoch etwas hinzufügen, das - wenn es wahr sein sollte - die Sache in ein anderes Licht rückt. Es wurde mir von einem belgischen Diplomaten zugetragen, der mit Howard Carter befreundet war, als dieser vor dem Zweiten Weltkrieg in offizieller Funktion in Kairo tätig war. Ihm zufolge erzählte Carter, dass er einen absoluten Schutz gegen alle bösen Zaubersprüche besäße, die Hexenmeister auf ihn anzuwenden versuchen könnten und dass er ihn in einem der Gräber gefunden habe, die er im Tal der Könige zu Beginn seiner Karriere als Ägyptologe entdeckt und geöffnet hatte. Es war das Grab eines Priesters namens Jua und dessen Frau. Die mumifizierten Körper waren in einem perfekten Erhaltungszustand. In der Leichenkammer, deren Siegel unversehrt waren, hatte sich der Tote offensichtlich auf den Empfang seines ersten Besuchers vorbereitet, indem er dafür sorgte, dass diesem als Willkommenszeichen das Geheimnis der Immunität angeboten wurde.

Um mehr über dieses Geheimnis zu erfahren, müssen wir warten, bis die umfangreichen Aufzeichnungen, die Carter hinterlassen hat, sortiert und veröffentlicht worden sind. Sie bestehen aus Zeichnungen, Notizen, Fotos und Berichten, die Dutzende von Kisten füllen, welche jetzt in irgendeinem Keller des Britischen Museums in London verrotten. Ist es nicht seltsam, dass die Verwaltung mehr dreißig Jahre lang systematisch die Neugier der, von ägyptischen Geheimnissen faszinierten Gelehrten zurückgewiesen hat? Gibt es einen guten Grund für die Verweigerung des Zugangs zu diesen Aufzeichnungen voller Geheimnisse?

Die Antwort auf diese Fragen erhielt ich einige Tage nach der Veröffentlichung der ersten Auflage dieses Buches, so dass ich nun ein Postskriptum hinzufügen kann, welches die Neugier der Leser deren Neugier geweckt wurde, befriedigen wird.

Der Brief, den ich erhielt, war mit A. de Bélizal unterzeichnet. Er lautete im Wesentlichen wie folgt: "Ich kenne nicht nur das Geheimnis der Immunität von Howard Carter, sondern es ist auch durch Erbschaft in meinen Besitz gelangt. Es befindet sich jetzt in meiner Bibliothek, wo Sie es sehen und anfassen können, wenn Sie es wünschen. Es ist ein Ring aus Assuan-Sandstein. Der Großvater meiner Frau, Marquis d'Agrain, ein berühmter Ägyptologe, brachte ihn um 1860 von seinen Ausgrabungen im Tal der Könige mit."

Ich bin der Einladung von Herrn de Bélizal natürlich sofort gefolgt und konnte den seltsamen, zerbrechlichen, mehrere tausend Jahre alten Sandsteinring in die Hand nehmen. Er ist zwar abgenutzt, zeigt aber noch deutlich die geometrischen Figuren, mit denen er verziert ist: drei gerade Linien, sechs Punkte, zwei gleichschenklige Dreiecke. Diese Figuren sind nach einer bestimmten Ordnung und einem bestimmten Bedarf geformt, ausgerichtet, verteilt und ausbalanciert, welche eine esoterische Bedeutung haben. Sie besitzen zudem Tugenden und Kräfte, die wir durch geduldiges und vielfältiges Experimentieren mit Erstaunen und Überraschung entdecken konnten.

Der Ring wurde vermutlich von den Atlantern hergestellt und geformt, von denen die Ägypter einen Großteil ihres Wissens geerbt haben. Er erlaubt uns, in das Herz eines beunruhigenden Geheimnisses einzudringen: dem der bestimmten Formen Immunität gegen alle unsichtbaren Angriffe von außen verleiht. Es gibt Formwellen (auf die ich in einem anderen Kapitel dieses Buches näher eingehen werde), die in der Lage sind, eine unüberwindbare Schutzbarriere zu schaffen und alle Kräfte zu stoppen oder zu neutralisieren, die das Schwingungsumfeld eines Hauses stören und das Gleichgewicht eines Menschen (und damit seine Gesundheit, sein Glück und seine Zufriedenheit) gefährden könnten. Der Atlantische Ring bewirkt diese Art von Wunder. Monsieur de Bélizal hat dies seit er in den Besitz des Rings gekommen ist, durch wiederholte Experimente bewiesen und ich habe seine Beweise persönlich überprüft.

Die Eigenschaften dieses Rings sind außergewöhnlich. Es würde zu lange dauern und den Rahmen meines Themas sprengen, sie alle im Detail zu beschreiben. Ich werde jedoch so viel verraten, dass seine Wirksamkeit in drei Bereichen mit erstaunlicher Klarheit demonstriert wurde: Schutz, Heilung und Intuition.

Er schützt vor Gefahren und verleiht Immunität gegen böse Einflüsse aller Art, ob sie nun durch geophysikalische Faktoren, eine Störung der Schwingungsumgebung, einen Fluch, einen Zauber oder eine andere Art magischer Aggression verursacht werden. Zum Beispiel - und das ist nicht der seltsamste Aspekt des Mysteriums - kann niemand, der den Ring am Finger trägt, Opfer eines Autounfalls werden - es sei denn, er möchte Selbstmord begehen.

Die zweite Eigenschaft des Rings ist die Heilung. Damit meine ich natürlich nicht, dass er organische Läsionen heilt oder organische Störungen heilt. Er stellt vielmehr bestimmte zufällig gestörte Funktionen wieder her und heilt Beschwerden, die sich aus ihrer Störung ergeben. Um die Präzision seiner Wirkung zu erhöhen, ist es gut die symbolischen Entsprechungen zu kennen, die jeden Finger mit einem Organ oder einer Funktion verbinden. Der dritte Finger zum Beispiel entspricht dem Urogenitalsystem; der Ring sollte daher an diesem Finger getragen werden, wenn man an einer Störung eines Organs leidet, welches zu diesem System gehört.

Die dritte Eigenschaft des Rings ist die geheimnisvollste: Er gewährt dem Träger ungeahnte Einblicke in einen Bereich, über den bisher nur übersinnliche Phänomene Auskunft geben konnten. Er wird empfänglich für bestimmte Mitteilungen, die er sonst nie erhalten hätte - was sich nur schwer mit der Immunität durch Isolierung vereinbaren lässt, die der Ring gegen alle äußeren Einflüsse verleiht. Die Experimente in diesem Bereich sind noch nicht abgeschlossen und es sind zweifellos noch weitere Überraschungen zu erwarten.

Ich für meinen Teil bin der Meinung, dass der Hohepriester Jua den Ring als eine Art drahtloses Telefon für die Kommunikation mit anderen Priestern benutzt haben muss. Die Priester der Pharaonen hatten zweifellos die sagenumwobenen Geheimnisse der Atlanter geerbt. Sie beherrschten unglaubliche okkulte Techniken, die unsere moderne Wissenschaft erst allmählich mit anderen Mitteln wiederentdeckt. Der atlantische Ring, dessen Eigenschaften ich mit leidenschaftlichem Interesse studiert habe, scheint mir die stärkste bekannte Unterstützung für Telepathie zu sein.

Er bezieht seine Wirksamkeit weder aus der Materie, aus der er besteht, noch aus irgendeiner Art von "Ladung" - sei sie magnetisch, psychisch, religiös oder magisch; er ist kein personalisiertes Pentagramm, kein magnetisierter Talisman, keine gesegnete Medaille und kein Fetisch; es hat nichts mit jenen verheißungsvollen Spielereien und Glücksbringern gemein, die vom gewöhnlichen Aberglauben oder der versnobten Esoterik erfunden wurden. Es ist der Ort und die Formel (die Arthur Rimbaud vergeblich suchte) - eines der erstaunlichsten Wunder der Mikrovibrationsphysik: ein Wunder, dessen unsichtbare Wirkkräfte aus Formwellen besteht.

Überholte Wunder

Es gibt Heiligtümer, die nicht mit Verboten und Drohungen gespickt sind, sondern Besucher anziehen und belohnen. Dies ist bei Wallfahrts- und Wunderorten der Fall, aber auch bei den Feenbrunnen und Quellen der Gesundheit und Jugend, deren Tradition seit prähistorischen Zeiten fortbesteht.

Diese Orte wurden in der Vergangenheit von Heiligen oder Genies geweiht und nicht - wie unsere modernen Heiligtümer - von Egoisten, böswilligen Hexenmeistern, Priestern der Strenge statt der Nächstenliebe oder von Hütern erhabener Geheimnisse, denen ihre menschlichen Brüder gleichgültig sind.

Es ist bemerkenswert und traurig festzustellen, dass im Gegensatz zu einem Fluch, der praktisch unvergänglich ist, der Einfluss eines wohlwollenden Sanktuariums oft mit der Zeit wie ein Parfüm vergeht und dass dort keine Wunder mehr geschehen.

Vielleicht schwindet die Wirksamkeit des Ortes zur gleichen Zeit wie der Glaube der Pilger, die ihn aufsuchen. Auf jeden Fall sind verfluchte Orte besser geschützt als gesegnete. Es ist auch wahr, dass der Mensch von Natur aus eher das Unglück anzieht als das Glück; er ist ein besseres Ziel für den Teufel als für Gott.

Ein konkretes Beispiel: Vor der Kathedrale von Puy-en-Velay, Frankreich, befindet sich eine Platte, die als "Fieberstein" bekannt ist. Wenn man krank ist, kann man geheilt werden wenn man sich auf ihn legt und einschläft. Dieses Wunder ist jedoch veraltet, denn es wird von niemandem mehr besucht. Heutzutage legt sich niemand mehr auf den "Fieberstein".

Andererseits, wie viele Touristen betreten ahnungslos die Ruinen des Priorats von Franchard im Wald von Fontainebleau! Keiner von ihnen kommt ungeschoren davon; sie alle werden früher oder später bestraft, denn es ist ein verfluchter Ort, ein wahres Sanktuarium des Bösen. Jahrhunderte lang - vom Bau der Kapelle bis ins achtzehnte Jahrhundert, als sie unter dem Leichentuch der finsteren Magie verlassen wurde - starben alle Einsiedler, die sich in die Kapelle zurückzogen, durch Mord. Der Fluch ist immer noch sehr stark. Kein noch so unschuldiger Passant kann sich ihm ungestraft entziehen.

Die wohltuende Wirkung des "Fiebersteins" hat nachgelassen; der bösartige Zauber des Priorats Franchard bleibt virulent. Ich werde nicht versuchen, dies zu erklären. Ich weise lediglich darauf hin.

Ein arbeitsloser Heiliger

Vor fast hundert Jahren hat Kanonikus Migue in seinem Dictionnaire des Pélerinages versucht, alle privilegierten Orte in Frankreich aufzulisten, die "besonders dazu bestimmt sind, die Wünsche der Menschen zu empfangen" und an denen Gebete die größte Aussicht auf Erfüllung haben. Seine Liste ist lang, aber nicht erschöpfend. Seit seiner Zeit haben andere Gelehrte demselben Thema zahlreiche Werke gewidmet. All dieser geistige Reichtum und all die Verheißungen übernatürlicher Hilfe sind in Vergessenheit geraten, aber nicht verloren, wurden uns zurückgegeben und lassen uns beim Versuch einen Heiligen auszuwählen, zu dem wir beten sollen, wie gelähmt vor Unentschlossenheit zurück. Wir sind versucht, nur den Weizen des Kuriosen und Komischen zu behalten, da die Realität der Wunder nur noch von den Ungläubigen abgelehnte Spreu ist.

Es sei daran erinnert, dass der Heilige Rabboni in der Rue Antoinette 9 in Paris den Geiz von Ehemännern heilt. Unmöglich? Ja, aber so amüsant, dass es oft zitiert wird. Kaum jemand wagt dagegen die frohe Botschaft zu verbreiten, dass es in der Kapelle des Cimetière de Picpus eine schwarze Jungfrau gibt, die als Notre-Dame de la Paix (Unsere Liebe Frau des Friedens) bekannt ist und tatsächlich Asthma, Blindheit und Herzleiden heilt.

Ein weiteres Beispiel: Die heilige Marina in der Nähe von Pontoise ist von Arbeitslosigkeit bedroht. Ihre Spezialität ist die Wiederherstellung der Jungfräulichkeit von Mädchen, aber da die Jungfräulichkeit keinen wirklichen Wert mehr besitzt, wird die Heilige Marina von Mädchen in Miniröcken oder

Maxicoats nicht mehr um Hilfe gebeten. Dennoch weiß jeder über ihre Spezialität Bescheid, denn sie ist oft Gegenstand von Witzen.

Kaum jemand (außer vielleicht in Stival, Frankreich) erinnert sich heute noch daran, dass der Heilige Meriadec am ersten Sonntag nach dem 7. Juni Taubheit mit Glocken heilt.

Woher Missgeschicke kommen

Techniken zur Einweihung eines Ortes durch Gedankenwellen wurden von Priestern und Eingeweihten seit den ältesten Zeiten angewandt. Deshalb gibt es auch heute noch so viele unsichtbare Heiligtümer auf der ganzen Welt. Diejenigen, die sie verletzen, ohne überhaupt zu wissen, dass sie existieren, werden zu Unrecht für ihre Unwissenheit bestraft.

Es ist nicht verwunderlich, dass man Spuren vergessener, aber immer noch virulenter Tabus an Orten findet, die traditionell und öffentlich durch Religion oder Magie geweiht sind: Pyramiden, Dolmen, Tempel, Kirchen und so weiter. Aber manchmal findet man sie auch an unerwarteten Orten, wo es keine sichtbaren Zeichen ihrer Anwesenheit gibt - nichts, was den Passanten auf das Risiko hinweist, das er eingeht. In England sind Eingänge zu verbotenen Orten mit dieser deutlichen Warnung gekennzeichnet: "Alle Unbefugten werden strafrechtlich verfolgt." Wie viele Unfälle, Unglücksfälle und Todesfälle könnten vermieden werden, wenn eine ähnliche Warnung vor allen unbekannten, aber dennoch gefährlichen Heiligtümern angebracht werden könnte!

Welches Risiko geht derjenige ein, der unvorsichtig oder unwissend die unsichtbare Grenze überschreitet? Es ist unmöglich dies vorauszusagen, denn die Strafe wird von jedem Weihenden selbst bestimmt. Nicht der Wert des zu schützenden Schatzes bestimmt die Härte der Strafe gegen den Übertreter, sondern allein die Böswilligkeit oder Milde des Weihenden. Indem er die abstrakten Wellen seines Verbots projiziert, verbindet er sie mit einer bedingten Drohung seiner eigenen Wahl, und so sind die beiden unsichtbaren Kräfte unauflöslich miteinander verbunden. Einige böswillige Hexenmeister fordern stets eine Barriere, die für Eindringlinge tödlich ist, andere beschränken die schlechten Auswirkungen auf Krankheit oder Gebrechen und weniger grausame Geweihte geben sich mit milderen Strafen zufrieden. Die unerwarteten und unerklärlichen kleinen Missgeschicke, die uns widerfahren, sind oft darauf zurückzuführen, dass wir bei einem Spaziergang oder einem Besuch unabsichtlich in ein unbekanntes Sanktuarium eingedrungen sind.

Wenn ein Privileg nur ein Leben lang währt

Die unedelsten, aber zahlreichsten Heiligtümer sind jene, die bestimmte Egoisten, Intellektuelle oder Okkultisten sich selbst weihen. Sie wählen einen bestimmten Ort und machen ihn mit Hilfe der traditionellen Techniken des Verbots für andere unter Androhung von Sanktionen durch Gedankenwellen unantastbar. Die magische Barriere kann einen Hektar Wald oder eine Besenkammer, einen gepflasterten Hof oder eine Ecke eines Gemüsegartens, einen Salon oder ein Schlafzimmer, einen Taubenschlag oder einen Keller umschließen. Alles ist möglich, wenn man weiß, wie es geht und ich kann Ihnen versichern, dass ich schon einige wirklich außergewöhnliche Fälle gesehen habe.

Das wichtigste und ungewöhnlichste Merkmal derartiger Heiligtümer ist, dass die Wirkung der Weihe abrupt verschwindet, sobald der Weihende stirbt. Das Verbot wird dann automatisch, ohne Zeremonie oder Antrag, aufgehoben. Das Privileg des Weihenden gilt nur zu seinen Lebzeiten, während eine Weihe an eine Gottheit oder einen Helden unauslöschlich ist.

Die von abstrakten Wellen errichtete immaterielle Zitadelle verschwindet wie eine Fata Morgana. Keine Spur mehr von dem Menschen, der sich allein durch seinen Willen vorübergehend und lokal zu einem Gott gemacht hat, indem er sich in einer Tempelfestung einschloss. Dieser hochmütige Egoist kann jetzt nicht mehr "Ich" sagen und ist gezwungen, in der anonymen Masse der anderen unterzugehen.

Aber solange der Geweihte lebt - selbst, wenn er sein Sanktuarium aufgegeben haben sollte und sich weit davon entfernt hat - bleibt das von ihm auferlegte Verbot in Kraft. Jeder, der dagegen verstößt wird mit der vorgesehenen Strafe belegt.

Die einzige Möglichkeit, das Verbot vor dem Tod des Weihenden aufzuheben, besteht darin, die richtige Zeremonie durchzuführen - was natürlich nicht jeder kann.

Wenn man weiß, wie man Symbole zu deuten hat, braucht man nur das Verfahren zu übernehmen, das die Hebräer beim Einsturz der Mauern von Jericho - diesem uneinnehmbaren Sanktuarium - angewandt haben.

Die Figur der Vollendung

Anstatt zu lernen, wie man den Zauber löst, der ein Sanktuarium schützt, möchte der Leser vielleicht lieber wissen, wie man ein Sanktuarium "verschließt" bzw. wie man es sich selbst weiht. Es ist manchmal notwendig und immer angenehm, sich an einen unzugänglichen Ort zurückziehen zu können, an dem man wirklich zu Hause ist, geschützt vor jeder Indiskretion, jedem Eindringen oder jeder Aggression. Es ist natürlich nicht meine Absicht, Geheimnisse der hohen Magie zu enthüllen; es ist nie gut, unbedacht mit ihnen zu spielen. Aber es ist nichts Falsches daran, die Neugier eines ehrlichen Mannes zu befriedigen, der sich selbst isolieren will. Odi profanum vulgus et arceo... Um Horaz' Beispiel zu folgen, hier die Vorbereitungen, die man durchführen muss, wenn man sich selbst ein Sanktuarium weihen will:

Zu einer Zeit, zu der der Mond aufgeht und an einem Datum und zu einer Stunde, die durch die Korrelation zwischen Ihrem astralen Profil und den Persönlichkeiten der zweiundsiebzig Schutzgeister der kabbalistischen Tabelle bestimmt werden, die an diesem Tag, zu dieser Zeit und an diesem Ort Einfluss haben werden, gehen Sie siebenmal im Uhrzeigersinn um den zu weihenden Ort herum, beginnend an seiner Nordseite. Die Länge ihrer Schritte muss konstant sein und mit ihrer individuellen goldenen Zahl übereinstimmen. Die Fläche des Sanktuariums, wie groß oder klein sie auch sein mag, muss immer die Zahl der Vollendung ausdrücken: die Zahl 9, die - wenn sie mit einer beliebigen anderen Zahl multipliziert wird - immer ein Ergebnis liefert, dessen Ziffern sich zu 9 addieren lassen. Beispiele:

$$9 \times 7 = 63; 6 + 3 = 9$$

$$9 \times 4 = 36; 3 + 6 = 9$$

$$9 \times 9 = 81; 8 + 1 = 9$$

$$9 \times 3 = 27: 2 + 7 = 9$$

Die Worte (Beschwörungen oder Gebete), die während der Weiheschritte gesprochen werden müssen, sind in einem magischen Ritual festgelegt, das sich von einem Kontinent zum anderen, von einer Religion zur anderen, von einem Jahrhundert zum anderen kaum unterscheidet. Vollständige Versionen dieser Texte sind in keinem Handbuch der Magie enthalten. Sie sind wirklich geheim und niemand darf sie kennen, ohne eine fortgeschrittene Stufe der Einweihung erreicht zu haben. Aber die unvollständigen Texte, die in Fachbüchern zu finden sind, reichen aus, um eine wirksame kleine Weihe zu erhalten, die für diejenigen, die lieber mit Feuerwerkskörpern als mit Atombomben spielen, völlig ausreichend ist.

Sobald die Weihe gemäß den Riten vollzogen ist, gehört das so geschaffene Sanktuarium ausschließlich dem Weihenden. Niemand sonst kann es betreten, ohne die vorgesehene Strafe zu riskieren - selbst wenn es sich bei dem Zuwiderhandelnden um einen rechtmäßigen Mieter, einen neuen, in gutem Glauben handelnden Eigentümer, der sich gar nicht bewusst ist, gegen ein Verbot verstoßen zu haben oder um einen Verwandten des Weihenden handelt - wie von Perrault in Blaubart beschrieben, einer tragischen Geschichte über ein Sanktuarium, das von einer Ehefrau verletzt wurde, die ihre Neugierde nicht unter Kontrolle hatte.

Nicht nur in Legenden und Märchen finden wir Beispiele dieser Art, ich kenne mehrere denkwürdige Fälle, die sich tatsächlich ereignet haben. Ich werde von zwei Beispielen berichten, die meiner Meinung nach besonders aufschlussreich sind. Ich möchte betonen, dass es sich um wahre Geschichten handelt; die darin geschilderten Ereignisse haben sich wirklich zugetragen und nur ihre Interpretation steht in Frage.

Damabiah war ein Kollaborateur

Vor dem Zweiten Weltkrieg lebte nicht weit von meinem Haus im Tal der Chevreuse ein ruhmloser Literat, der allerdings aber nicht völlig talentlos war. Er war ein guter Schriftsteller und ein guter Hexenmeister; er war fasziniert von den so genannten okkulten Wissenschaften und im Studium dieser Wissenschaften ziemlich weit fortgeschritten. Er war ein reizender Mann, der seine Gelehrsamkeit in Anekdoten und interessanten Details, die seine Zuhörer bereicherten, ohne sie zu ermüden zum Ausdruck brachte. Ich habe ihn immer gerne besucht. Um der Geschichte willen werde ich ihn Damabiah nennen und Friede seiner Asche!

Er hatte sich in seinem Haus ein Refugium geschaffen, einen Raum, den er als Arbeitszimmer und magisches Laboratorium nutzte. Er befand sich im ersten Stock und sein einziger Eingang führte durch den Garten. Der Fußboden lag etwas tiefer als der Erdboden, so dass man über drei oder vier Stufen nach unten gelangen konnte.

Natürlich durfte das Zimmer niemand betreten. Dies erregte die Neugier von Damabias Haushälterin. Eines Tages, als er nicht im Haus war, beschloss sie, einen Blick in seine geheimnisvolle Höhle zu werfen. Sie kam aber nicht dazu, denn kaum hatte sie die Außentür geöffnet, rutschte sie auf der ersten Stufe aus und verstauchte sich den Knöchel. Sie humpelte davon, ohne - wie sie behauptete vorgehabt zu haben - das Zimmer entstauben zu können.

Sie erzählte mir damals von diesem "Arbeitsunfall" und gab ihren eigenen Kommentare dazu ab. Er diente als Vorspiel zu einigen viel dramatischeren Ereignissen, die die Unverletzlichkeit von Heiligtümern noch deutlicher machen.

Während der Besatzungszeit unterstützte Damabiah offen die Politik der Kollaboration mit Deutschland. Das war ein überraschendes Engagement für einen Intellektuellen, der mit den Geheimnissen des Okkultismus besser vertraut war als mit denen der Politik. Auf jeden Fall hatte ihm keine der von ihm praktizierten Wahrsagekünste die Zukunft offenbart. Kurz vor der Befreiung musste er fliehen, um der Gewalt und vielleicht auch dem Tod zu entgehen, welche ihm von den jungen Draufgängern der örtlichen Résistance drohten (die zu dem Zeitpunkt noch im Untergrund lebten, aber nicht mehr für lange). Er verließ die Stadt, ohne Zeit gehabt zu haben, sein Sanktuarium zu entweihen.

Sobald der erste amerikanische Helm am Rande des Dorfes auftauchte, eilten junge Männer mit dreifarbigen Armbinden auf Damabiahs Haus zu, brachen die Tür auf und begannen zu plündern. Alles ging gut, solange sie die Schwelle des Sanktuariums nicht überschritten hatten.

Die unvermeidliche Tragödie geschah, als sie die Tür von Damabias Sanktuarium aufstießen. Da er nicht damit rechnete, dass sich auf der anderen Seite der Tür Stufen befanden, verlor der erste der Eindringlinge das Gleichgewicht und stürzte. Er hielt eine Maschinenpistole in der Hand, mit der er nicht umgehen konnte; leider war sie nicht gesichert und im Patronenlager befand sich eine Patrone. Im Fallen umklammerte er die Waffe und betätigte versehentlich den Abzug. Ein Feuerstoß mähte die Männer hinter ihm nieder. Ein Toter, vier Verwundete.

Bald darauf traf der Bürgermeister des Dorfes ein, der über die Pläne der jungen Männer des Widerstands informiert worden war. Er ließ alle Türen des Hauses abschließen und offiziell versiegeln. Der Zufluchtsort würde also unangetastet bleiben - zumindest solange bis ein Richter beschloss, eine legale Durchsuchung des Hauses des verstorbenen Kollaborateurs zu genehmigen. Doch dazu kam es nie. Damabiah starb, bevor er verhaftet werden konnte und sein Tod beendete die gegen ihn eingeleiteten rechtlichen Schritte. Damit endete auch das Verbot, sein Sanktuarium zu betreten. Unbefugten drohte keine Strafe mehr.

Er strebte nach Macht, nicht nach Wissen

Wenn ich einmal anfange Geschichten zu erzählen, möchte ich sie auch fortsetzen. Das macht so viel mehr Spaß, als abstrakte Demonstrationen zu entwickeln! Anekdoten geben der Wahrheit realistischere Farben. Das Figürliche wird immer ein besserer Maler sein als das Abstrakte. Wenn ich von Heiligtümern spreche, sehe ich Menschen, die ich gekannt habe, jeden mit seinem Namen, Gesicht, Körper, seinen Eigenheiten, Gewohnheiten, seiner Art zu sprechen, seiner Sensibilität... Es ist mir unmöglich, sie als anonyme Beispiele zu betrachten. Ihre Präsenz verleiht den Geschichten, die ich über sie erzählen kann, in der Erinnerung eine besondere Kraft. Ich möchte, dass der Leser diese Geschichten nicht als leere Worte behandelt; ich möchte, dass sie hart und tief treffen, dass sie als Zeugnis aus erster Hand aufgefasst werden.

Ich habe diese einleitenden Bemerkungen gemacht, weil ich jetzt ein Beispiel geben werde, das unglaublich, aber wahr ist. Hören Sie zu…

Halb spielerisch und halb ernsthaft habe ich in dem Abschnitt mit der Überschrift "Die Figur der Vollendung" das Rezept für die Weihe eines Sanktuariums auf sich selbst zur Verfügung gestellt. Ich habe nicht gezögert, dieses gewaltige Geheimnis zu enthüllen, weil ich weiß, dass niemand in der Lage sein wird, es ohne Hilfe eines Eingeweihten des Tempels für seine persönlichen Zwecke zu nutzen. Es muss daher so genommen werden, wie ich es gegeben habe: als Arbeitsgrundlage für die Förderung von Neophyten und als Unterhaltung für diejenigen, die kuriose Beschreibungen mögen. Begabte und angeleitete Leser werden bald in dieses kleine Geheimnis eindringen; alle anderen werden zumindest ihre Zeit nicht verschwendet haben.

Nachdem ich diesen Vorbehalt eingeräumt habe, muss ich gestehen, dass ich vor etwa fünfzehn Jahren etwas Unverzeihliches getan habe: Ich gab einem angehenden Studenten der okkulten Wissenschaften eine vollständige und genaue Beschreibung der Vorgänge zum "Schließen" eines Sanktuariums für den persönlichen Gebrauch. Der Name des Studenten war Walter. Er war ein attraktiver, charmanter, männlicher, dominanter junger Mann mit einem unersättlichen Appetit auf Erfahrungen, die ihm die Illusion vermitteln konnten, eine Abkürzung zur Beherrschung seiner selbst und anderer nehmen zu können.

Um sein Porträt zu vervollständigen und zu zeigen, wie unvoreingenommen wir uns mit diesen Themen befasst haben, füge ich hinzu, dass er Praktikant in einem Pariser Krankenhaus war. Ich hätte jedoch auf der Hut sein müssen, denn ich wusste, dass er Psychiatrie und Psychoanalyse als sein medizinisches Fachgebiet gewählt hatte. Wer sich anmaßt, Geisteskranke zu behandeln, ist selbst geisteskrank. Ich dachte, Walter hätte einen ausgeglichenen Geist, aber in Wirklichkeit war er durch die okkulten Studien, die er neben seinem Medizinstudium allein, ohne Lehrer und Disziplin betrieben hatte, erst verstört und dann geistesgestört geworden. Er strebte nach Macht, nicht nach Wissen und das ist in okkulten Gefilden, die für Uneingeweihte verboten sind, immer äußerst gefährlich.

Wie dem auch sein mag, ich lehrte ihn alle Einzelheiten - als wäre er eher ein Kamerad als ein Schüler - all die Vorgänge, die ich weiter oben in diesem Kapitel beschrieben hatte. Sie waren mir von einem Meister beigebracht worden, aber ich hatte sie nie zu persönlichen Zwecken in die Praxis umgesetzt.

Als gewissenhafter Lehrer lehrte ich ihn sogar seine persönliche goldene Zahl zu bestimmen, die einzuhaltenden Fastenregeln, die Worte der richtigen Beschwörungen und Gebete und die besten empirischen Tricks zum Aussenden von Gedankenwellen. Kurzum, ich weihte ihn vollständig in die Geheimnisse dieser Vorgänge ein, ohne darüber nachzudenken, dass er von der Theorie zur Praxis übergehen könnte. Aber genau das hat er getan.

Eines Tages kam er vorbei und erzählte mir triumphierend, dass es ihm gelungen sei, ein Sanktuarium zu errichten. Zuerst nahm ich an, er hätte sein Experiment in einer Ecke des kleinen Zimmers, in dem er lebte, durchgeführt. Das wäre zwar unklug gewesen, aber nicht katastrophal. Als er mir aber in aller Gelassenheit erzählte, dass er sein Refugium in einem Dickicht des Bois de Boulogne, zwischen dem Jardin d'Acclimatation und dem kleinen See abgesteckt hatte, geriet ich in Panik.

"Du spinnst doch!" rief ich aus. "Wenn es Dir wirklich gelungen ist, dort ein Sanktuarium zu errichten, werden alle unschuldigen Menschen, die unwissentlich seine Grenzen überschreiten, in Gefahr geraten..."

"Komm, komm, bleiben wir logisch ", sagte Walter. "Wenn ich die Macht der abstrakten Wellen testen will, ist es viel interessanter und schlüssiger einen Teil eines öffentlichen Parks zu wählen als eine Ecke meines Zimmers. Ich hätte mein Sanktuarium gerne auf dem Champ-de-Mars oder in den Tuilerien in einer Telefonzelle oder in einer U-Bahn-Station errichtet: Der Beweis, den ich zu erbringen versuche, wäre eindrucksvoller gewesen. Aber an solch überfüllten Orten hätte ich die ganze Weihezeremonie nicht durchführen können, ohne zu einer psychiatrischen Untersuchung abgeführt zu werden. Ich musste also einen öffentlichen Ort wählen, der zu bestimmten Zeiten besucht wird, aber zu der Zeit menschenleer war, in der ich für die Zeremonie allein sein musste. Deshalb habe ich schließlich dieses Dickicht im Bois dc Boulogne gewählt. Jetzt muss ich nur noch abwarten und sehen, was passiert, um herauszufinden, ob ich wirklich die Macht eines Hexenmeisters erlangt habe.

Ich war entsetzt über seine Gefühllosigkeit. Ich hatte einem Monster eine Schachtel Streichhölzer in die Hand gedrückt und ihm auch noch gezeigt, wie man sie benutzt.

"Ich kann nur hoffen", sagte ich, "dass Du ein Ritual oder eine Formel vergessen hast und dass Dein Sanktuarium nicht wirklich geschlossen ist."

"Das werden wir sehen", antwortete Walter.

Was sollte ich tun? Ich hatte bereits mehrfach Gelegenheit gehabt, mich von der Realität von Sanktuarien zu überzeugen. Ich wusste, dass sie keine Lügen, Bluffs oder Illusionen waren. Das Verbot, eines von ihnen zu betreten, wurde zunächst als starke, aber vage Abneigung empfunden, dann wurde man sich verwirrt bewusst, dass dieser Ort nur durch eine Art von Übertretung betreten werden konnte und schließlich, wenn man dennoch hartnäckig darauf beharrte, ihn trotzdem zu betreten, würde man auf die eine oder andere Weise bestraft werden, real und meist sofort.

Ich für meinen Teil hatte - wahrscheinlich aus Feigheit - nie der Versuchung nachgegeben ein Sanktuarium für mich selbst zu schaffen. Ich hatte jemand anderem das beigebracht, was ich mir selbst nicht zugetraut hatte und nun fühlte ich mich für das wahnsinnige Unterfangen meines "Schülers" verantwortlich.

"Hör zu", sagte ich zu ihm, "wir müssen deine Dummheit so schnell wie möglich rückgängig machen. Bring mich zu Deinem Sanktuarium und wenn wir dort sind, werden wir entscheiden, was wir tun können, um das Schlimmste zu verhindern".

"Das Wichtigste für mich ist", so Walter, "dass ich konkrete Beweise bekomme. Noch habe ich nur theoretisches Wissen über unsichtbare Kräfte und abstrakte Wellen und ich will sicher sein, dass sie wirklich wirksam sind. Wenn das Experiment, das ich gerade durchgeführt habe, erfolgreich ist, werden selbst die eingefleischtesten Skeptiker ihre Zweifel aufgeben müssen. Das ist doch wichtig, oder?"

Wir fuhren zum Bois de Boulogne. Es war Mittag. Das Verbot war seit sechs Uhr morgens in Kraft. Was war in diesen sechs Stunden geschehen? Hatte es bereits eine Tragödie gegeben?

Walter führte mich durch den Wald zu seinem Sanktuarium und zeigte mir dessen genaue Grenzen. Es handelte sich um ein Rechteck von etwa drei Metern Länge und drei Metern Breite, dessen Ecken durch zwei kleine Eichen, einen Haselnussbaum und einen großen, halb vergrabenen Felsen markiert waren. Es war offensichtlich ein Ort, an den nicht viele Menschen kamen.

Ich hatte noch eine Hoffnung: nämlich, dass Walter seine Lektion nicht gut verinnerlicht hatte und seine Bemühungen als Zauberlehrling unwirksam gewesen waren. Ich bat ihn, die Berechnungen, Formeln, astralen Daten, Riten und analogen Zusammenhänge zu wiederholen. Ich hatte den Eindruck, dass er nichts vergessen, alle Regeln beachtet hatte und sein Autoritätskoeffizient ausreichte, um eine Salve abstrakter Wellen auszulösen, so dass die Wahrscheinlichkeit, sein Zauber hätte sich nicht wirklich auf den von ihm abgegrenzten Raum ausgewirkt, gering war.

Im Gegensatz zu dem, was Uneingeweihte glauben, ist Magie - ob hoch oder niedrig, schwarz oder weiß - sehr einfach zu praktizieren und für jeden leicht erreichbar. Leider ist keine besondere Begabung erforderlich. Es genügt akribisch, präzise und methodisch zu sein und zu wissen, wie man bestimmte Handlungen ausführt und bestimmte Worte zum richtigen Zeitpunkt spricht. Eine kleine

Willensanstrengung (nicht mehr, als man im Alltag braucht, um einem Untergebenen eine Anweisung zu erteilen) und das Außergewöhnliche ist vollbracht.

Es war also durchaus möglich, dass Walter mit seinem ersten Versuch einen perfekten Erfolg erzielt hatte! Er hoffte, er würde bald den Beweis dafür haben. Er wartete ohne offensichtliche Beunruhigung.

"Schau!", rief er plötzlich aus. "da kommt ein Meerschweinchen! Jetzt werden wir herausfinden, ob der magische eiserne Vorhang wirklich funktioniert."

Ein Mann hatte gerade den Fußweg verlassen und war in das Dickicht eingedrungen. Er kam direkt auf uns zu; wenn er seine Richtung nicht änderte, würde er das Sanktuarium durchqueren.

Ich spürte eine unangenehme Welle der Beunruhigung. Sollte ich eingreifen und ihn dazu bringen auszuweichen, ob er wollte oder nicht?

Nach all den Jahren sehe ich immer noch deutlich das Bild dieses armen, schäbig gekleideten Mannes vor mir, dessen Schicksal durch mein Verschulden vielleicht eine Art von Gewalt oder Verzerrung erfahren sollte. Er ging langsam, die Hände hinter dem Rücken verschränkt und schaute mit nachdenklichem Blick zu Boden. Ich sehe noch seine stoppeligen Wangen und die Mütze mit dem kaputten Schirm, die er bis zu den Augenbrauen heruntergezogen hatte. Er trug einen Rollkragenpullover, der die graue Farbe der Armut hatte und eine Hose mit ausgebeulten Knien, die steif vor Schmutz und glänzend vom Tragen war.

Ein Skeptiker wäre von dieser Spannung amüsiert gewesen; er hätte das Ganze wie einen Spielfilm über Magie betrachtet und so getan, als ob er an all das glauben würde, zumindest so lange bis die Lichter wieder angingen - aber immer mit der Gewissheit, dass solche Dinge im wirklichen Leben nicht vorkommen. Da ich aber an die Realität unsichtbarer Kräfte, insbesondere abstrakter Wellen glaubte, befand ich mich trotz meines ausgeprägten Sinns für Humor in einer weitaus unkomfortableren Situation.

Das Meerschweinchen lief weiter in Richtung des Sanktuariums.

"Jetzt werden wir sehen...", murmelte Walter.

Gerade als er die unsichtbare Grenze erreichte und das Sanktuarium betreten wollte, blieb der Mann plötzlich stehen, ohne dass wir einen Grund dafür erkennen konnten. Wir sahen nur, dass er anhielt, einige Sekunden lang stillstand, sich dann nach links wandte und seinen melancholischen Spaziergang fortsetzte, als würde er an einer echten Mauer entlanggehen. Er hatte unserer Anwesenheit keine Beachtung geschenkt, wahrscheinlich hatte er uns nicht einmal gesehen. Hatte er einem geheimen Befehl gehorcht, der nur von seinem Unterbewusstsein registriert wurde, aber stark genug war ihn die Richtung ändern zu lassen, ohne zu wissen warum?

"Und?", sagte Walter.

"Wenn Du Beweise haben wolltest, die stark genug wären, um einen Skeptiker zu überzeugen, dann hast Du sie nicht erhalten", antwortete ich. "Wenn Du nur Deine persönliche Überzeugung bekräftigen wolltest, dann war das ein beredtes Ereignis. Auf jeden Fall denke ich, dass das Spiel jetzt lange genug gedauert hat; wir müssen Deine Bombe entschärfen, bevor etwas Tragisches passiert."

"Nein, noch nicht! Es macht zu viel Spaß! Das Spiel hat gerade erst begonnen... Schau, da kommen noch zwei Meerschweinchen."

Ein junges Liebespaar kam auf uns zu, jeder hatte einen Arm um den anderen gelegt. Sie waren keineswegs die Art von Liebenden, die sich gefühlvoll in die Augen blicken, sondern im Gegenteil verspielt und fröhlich. Ab und zu stürzte einer von ihnen vom anderen weg und dann gab es eine fröhliche Verfolgungsjagd, die mit kleinen Küssen auf die Nase endete, sobald der Flüchtige gefangen war. Es war ein bezaubernder Anblick. Bald kamen sie vor dem Sanktuarium an.

Verfolgt von dem Jungen, rannte das Mädchen an der unsichtbaren Grenze entlang bis zum Felsen. Dort warf sie sich, anstatt über die verhängnisvolle Markierung zu springen, auf den Boden, packte den Jungen an den Beinen und zog ihn neben sich auf das Moos. Lachen, Ringen, Küsse. Sie standen auf. Es schien, als würde die Grenze bald überschritten werden.

Aber nein, das Mädchen schrie: "Nicht da lang! Hier lang!" Das war alles. Die Eindringlinge waren plötzlich zur Seite gedrängt worden.

Wir hatten an diesem Tag alles gesehen, was wir sehen wollten, denn wir konnten nicht den ganzen Nachmittag damit verbringen das Sanktuarium zu beobachten. Ich musste mich damit abfinden dem Schicksal seinen Lauf zu lassen - zumindest bis zur Morgendämmerung am nächsten Morgen. Ich hatte meine Entscheidung getroffen: Ich würde zu gegebener Zeit zurückkommen, um den Zauber rückgängig zu machen, indem ich die Weiherituale rückgängig machte, ohne Walter etwas davon zu sagen. Ich würde versuchen, ihn davon zu überzeugen, dass alles Unsinn war; ich wollte ihn verunsichern und desillusionieren, ihm die Magie madig machen und ihn davon überzeugen, dass sie nichts als Lug und Trug war, so dass er nie wieder Lust auf weitere Experimente verspüren würde.

Am nächsten Morgen um fünf Uhr war ich auf dem Weg zurück in den Bois de Boulogne. Welche Kälte und Traurigkeit herrschten in meiner Seele! Ich fand das Sanktuarium, zeichnete sorgfältig seine Grenzen auf und begann meine magische Routine. Sie bestand aus Schritten in verschiedene Richtungen, begleitet von unverständlichem Gemurmel. Es war ein ungewöhnlicher Anblick, der auf einen uneingeweihten Beobachter sowohl lächerlich als auch beunruhigend wirken musste.

Ich war in voller Aktion, als ich einen uniformierten Wachmann erblickte, der mich mit amüsierter Neugierde beobachtete. Die Anwesenheit dieses unwillkommenen Zuschauers ließ mich abrupt innehalten. Ich war zutiefst verlegen und versuchte, lässig zu wirken - vergeblich. Um mich zu beruhigen und seine Nachsicht zu zeigen, sagte der Wachmann gutmütig zu mir: "Ich sehe, Sie amüsieren sich heute Morgen!"

"Ich amüsiere mich nicht, ich arbeite!" erwiderte ich gereizt.

"Ach? Sie meinen, es ist kein Spiel, wenn Sie Pulver auf den Boden streuen, alle neun Schritte niederknien, vor sich hinsingen und ein bisschen tanzen?"

"Ich mache ein Experiment..."

"Machen Sie was Sie wollen, solange Sie keine Pflanzen und Bäume verletzen. Was für ein Pulver ist das? Seife? Ein Insektizid?"

"Es ist eine Mischung aus Weihrauch und Storax."

"Soll es Dinge wachsen lassen?"

"Nein, es soll Dinge verschwinden lassen."

"Was verschwinden lassen?"

Ich wusste, wenn ich ihm die Wahrheit sagen würde, würde er mich vermutlich für einen entflohenen Geisteskranken halten und mich zur Untersuchung mitnehmen. Es wäre also besser, ihn anzulügen. Aber wie könnte ich eine Geschichte erfinden, die sowohl seine Neugier als auch seinen gesunden Menschenverstand befriedigen würde? Die beste Lösung wäre, das Gespräch abzubrechen und mich so nonchalant wie möglich zu entfernen. Genau das tat ich und ließ meine magische Zeremonie unvollendet.

Als ich am nächsten Morgen die Zeitung aufschlug, sprang mir eine Schlagzeile ins Auge: "Nackte Frau im Bois de Boulogne erwürgt". Bei dem Opfer soll es sich um eine Prostituierte gehandelt haben.

Ich hatte den Artikel kaum zu Ende gelesen, als mein Telefon klingelte. Es war Walter. Seine Stimme klang ein wenig schwach.

"Ich komme gerade aus dem Bois de Boulogne zurück", sagte er. "Ich habe alles genau überprüft und es ist kein Irrtum möglich: Die Frau wurde in meinem Sanktuarium getötet. Das reicht mir, ich bin jetzt überzeugt. Du hattest Recht: niemand hat das Recht, mit diesen Kräften zu spielen. Keine Sorge, ich werde dieses Sanktuarium aufheben."

Er hat Wort gehalten, Gott sei Dank!

Es gibt eine andere Art von Sanktuarium, die noch geheimnisvoller, abstrakter und unglaublicher ist. In diesem außergewöhnlichen Fall bezieht sich das Verbot nicht auf einen bestimmten, räumlich abgegrenzten Ort, sondern auf eine geistige Schöpfung: ein gedrucktes Buch oder Manuskript. Es ist unter Androhung von Strafe verboten, bestimmte Texte Uneingeweihten zu offenbaren, welche ein mysteriöser Weihender zu schützen und geheim zu halten beschlossen hat, um sie Eingeweihten vorzubehalten.

In der Regel handelt es sich um Bücher, die nicht übersetzt werden dürfen, um Manuskripte, die nicht gedruckt werden dürfen oder auch um Werke, die bereits veröffentlicht wurden, deren Verleger aber bestraft wird, sobad die Auflagenhöhe eine bestimmte Grenze überschreitet.

Die Realität solcher Heiligtümer scheint so unwahrscheinlich, dass sich wahrscheinlich viele Leser weigern werden, mir zu glauben. Um sie zu überzeugen, werde ich auf das Zeugnis eines meiner Kollegen verweisen, der kürzlich für die Verletzung eines dieser seltsamen Verbote "bestraft" wurde.

Der Fluch des Perceval

Jean-Pierre Foucher, Professor für Philosophie, ist besser bekannt als Produzent von Radiosendungen und Übersetzer mittelalterlicher Literatur, insbesondere von Geschichten über die Ritter der Tafelrunde von Chrétien de Troyes. In einem Interview, das er dem exzellenten Journalisten Claude Yvon gab (veröffentlicht in *Le Télégramme de Brest*, 5. August 1971), erzählte er von einem erstaunlichen Missgeschick, das ihm bei der Arbeit an der Übersetzung von *Perceval*, dem "mystischen Zyklus" der Geschichten der Tafelrunde, ins moderne Französisch widerfuhr. Ich werde ihn für sich selbst sprechen lassen:

"Als ich *Perceval* in Angriff nahm, stellte ich fest, dass ich es mit einem Werk zu tun hatte, welches sich selbst verteidigte. Jeder, der sich entschlossen hat, Perceval zu übersetzen, hat ernsthafte Schwierigkeiten bekommen. Gustave Cohen und Albert Pauphilet versuchten es und erfuhren von diesem 'Fluch', der den Verlegern wohlbekannt ist."

"Zuerst hatte ich einen Tränenausbruch und dann, als ich zu dem Abschnitt über die Lanze mit den sieben Blutstropfen kam, geschah etwas Außergewöhnliches mit mir: an mehreren Morgen hintereinander war mein Schlafanzug in Brusthöhe mit sieben Blutflecken gezeichnet. Das machte einen ziemlichen Eindruck auf mich. Ich ließ mich untersuchen und man stellte fest, dass ich plötzlich eine Zyste hatte."

"Schließlich, nachdem ich die Arbeit beendet hatte, verschwand mein Manuskript unter sehr, sehr mysteriösen Umständen."

Jean-Pierre Foucher bot keine rationale Erklärung an; er erzählte einfach, was ihm widerfahren war und schloss: "Perceval war der Ritter, der versagt hat. Er hat den Heiligen Gral nicht erkannt, als er es hätte tun sollen. Daher konnte er den sündigen König nicht retten und es gelang ihm nicht, den Bann zu brechen."

"Der Text soll magische Geheimnisse enthalten. Ich kann Ihnen aus eigener Erfahrung sagen, dass er sich selbst verteidigt."

Der verfluchte Schatz des Vatikans

Perceval ist ein typisches Beispiel für ein Buch als Sanktuarium. Es ist kein Einzelfall. Es gibt viele andere. Eine Liste von ihnen findet sich in einem streng geheimen Katalog von Hunderten von Büchern und Manuskripten, die in bestimmten Schränken der Vatikanischen Bibliothek aufbewahrt werden, welche der Öffentlichkeit nicht zugänglich sind.

Das zumindest hat mir einmal ein gelehrter Kanoniker erzählt, der viele Jahre lang mit der Aufgabe betraut war über diesen verfluchten Schatz zu wachen. Diese Erfahrung hatte ihm eine Art spirituellen Schwindelgefühl eingeflößt, das ihn immer noch plagte.

Aus bestimmten Gründen, die nicht immer "magisch" sind, dürfen diese Werke nicht verbreitet oder übersetzt werden. Die mentale oder physische Strafe, die jedem droht, der gegen dieses Verbot verstößt, ist in jedem bekannten Fall mit einem handschriftlichen Vermerk im Katalog angegeben.

Dies ist die geheimnisvollste Abteilung der Vatikanischen Bibliothek, deren Wunder und Geheimnisse unendlich zahlreich zu sein scheinen.

Verbotene Schlüssel

Ein Sanktuarium ist manchmal auf bestimmte Passagen in einem Buch oder auf bestimmte erläuternde Kommentare zu diesen Passagen beschränkt.

Ein Beispiel sind Bücher, die "Schlüssel" enthalten. Einige dieser Bücher können ganz normal und ohne Einschränkungen veröffentlicht und verbreitet werden, aber die "Schlüssel" können nicht ohne ernsthafte Gefahr für die Person, die dies tut, offengelegt werden.

So bezahlten zwei allzu subtile Interpreten einiger *Centurien* des Nostradamus ihre gelehrten Kommentare mit ihrem Leben. Ich habe mir sagen lassen, dass Pater Fabre d'Olivet eine ähnliche Strafe für seine esoterische Übersetzung der *Genesis* ereilte.

Solche Flüche sind in der Literaturgeschichte keine Seltenheit. Es ist ein amüsantes Spiel, sie zu finden und zu überprüfen. Aber Vorsicht vor dem Fallout!

Sieben ausgelassene Zeilen

Zum Abschluss dieses Kapitels möchte ich eine persönliche Geschichte erzählen. Als ich mit der Übersetzung von Ovids *"Die Kunst der Liebe"* begann, wurde mir (über Kanäle, die ich nicht preisgeben darf) mitgeteilt, dass sieben Zeilen dieses Gedichts ein Sanktuarium darstellen, das unter keinen Umständen verletzt werden darf - sieben Zeilen, die ich nicht ins Französische übersetzen durfte, ohne mich einer schweren Strafe auszusetzen.

Bevor ich mich entschied, diesen Befehl aus dem Nichts zu befolgen, prüfte ich, ob das Tabu von früheren Übersetzern beachtet worden war. Ich schaute mir sechs oder sieben französische Übersetzungen der *Ars Amatoria an* und war überrascht, dass die verbotenen Zeilen in keiner von ihnen vorkamen.

Warum? Der offensichtliche Sinn der Zeilen ist ganz gewöhnlich. In ihnen scheint kein Geheimnis verborgen zu sein. Dennoch ist es eine Tatsache, dass alle Übersetzer von Ovid sie weggelassen haben, als ob es sie nicht gäbe.

Ich bin dem Beispiel meiner Vorgänger gefolgt. Niemand hat das Versäumnis je bemerkt. Ich glaube, das war eine kluge Entscheidung und ich bereue sie nicht.

Kapitel V

DAS GEDÄCHTNIS VON MAUERN

Jedes Objekt kann unsichtbar von seiner Geschichte umgeben sein.

Papus

Manchmal scheint es, als ob die Wände aus Schwamm wären! Sie saugen alle Äußerungen des Lebens auf, die sie nur scheinbar teilnahmslos miterleben und werden von ihnen durchtränkt. Sie erinnern sich an jede Welle menschlicher Wärme, an jedes Geräusch, jedes Wort, jeden neuen Fleck oder jede Farbe, jede Träne, jeden Schweißtropfen, jeden Geruch - ob er nun aus der Küche oder aus einer Parfümflasche kommt - jedes verliebte Gemurmel oder jeden Schrei des Hasses. Sie bewahren den Abdruck aller Ereignisse, Schauspiele und Szenen, die sich in ihrer Gegenwart abgespielt haben.

Im Inneren eines Hauses schaffen menschliche Freuden, Leiden, Gefühle und sogar Gedanken ein schwingungsfähiges Umfeld, das sich aus unzähligen Mikroschwingungen (konkreten wie abstrakten Wellen) zusammensetzt, welche den trägen Hintergrund des Alltagslebens durchdringen und Narben hinterlassen, deren Tiefe von der Heftigkeit und Häufigkeit der Einschläge abhängt.

Dieses Gedächtnis der Wände registriert und bewahrt nicht nur Bilder und Eindrücke: Es ist nach einer seltsamen Verdauungstätigkeit auch in der Lage, die angesammelten Erinnerungen in Form von Ausstrahlungen wiederzugeben, die - je nach dem Ausgangsmaterial jeder Erinnerung - die nachfolgenden Bewohner des Hauses positiv oder negativ beeinflussen.

In diesem Sinne müssen wir auch Aussagen interpretieren, ein bestimmtes Haus würde Glück oder Unglück bringen. Ein Haus, in dem nur glückliche Ereignisse stattgefunden haben, strahlt positive Emanationen aus, die das Glück seiner neuen Bewohner begünstigen. Aber das Erbe der Vergangenheit wird der Gegenwart Unglück bringen, wenn die Wände sich nur an den Selbstmord von Onkel Adalbert erinnern oder an das lange Martyrium eines Großvaters, der an Krebs starb oder an den Hass, der vierzig Jahre lang zwischen ihrem Besitzer und dessen Frau brodelte.

Wenn wir doch nur Amnesie-Wände hätten! Das wäre so viel beruhigender. Ja, aber leider ist der Nachhall der Vergangenheit, den es überall im wörtlichen wie im übertragenen Sinne gibt, gegenwärtig in Häusern besonders sichtbar, virulent und genau. Wenn wir das wissen, können wir die richtigen Mittel einsetzen, um dieses Erbe unschädlich zu machen. Diese Mittel zu beschreiben, ist ein Ziel dieses Buches.

Die Wände wirken wie Akkumulatoren der Wellen, die von den Mikrovibrationen der Umgebung übertragen werden. Diese seltsamen "Batterien" werden durch unaufhörliche Schwingungen geladen und entladen; sie sind immerwährende Austauscher. Sie haben eine außergewöhnliche Eigenschaft: Wenn sie einmal eine Ladung erhalten haben, können sie diese unbegrenzt emittieren, ohne sie jemals zu verlieren. Folglich verleihen die Strahlungen, denen die Bewohner eines Hauses ausgesetzt sind, diesem schädliche oder nützliche Eigenschaften, die weder Zeit noch Gebrauch jemals beseitigen können.

Die einzige Möglichkeit, einen schädlichen Einfluss wie diesen zu zerstören, bestünde darin, das Haus komplett abzureißen (und selbst dann ist nicht sicher, dass nicht jedes Stück Material eine individuelle Erinnerung behält, die es bösartig und ansteckend macht). Wände einzureißen, damit sie ihr Gedächtnis verlieren, ist ungefähr so, als würde man einem Menschen den Kopf abschlagen, damit er die schlechten Seiten seiner Vergangenheit vergisst. Glücklicherweise gibt es weniger drastische Mittel. Sie können dann vorteilbringend eingesetzt werden, wenn man bereit ist, sich mit einer vorübergehenden Neutralisierung zufrieden zu geben.

Wir werden später sehen, welche Vorrichtungen in der Lage sind, einen wirksamen Schutz gegen schädliche Wellen zu bieten. Versuchen wir zunächst den Prozess zu verstehen, wie die Wellen der Umwelt Wände durchdringen.

Ich möchte ein charakteristisches Beispiel anführen: ein Krebshaus, dessen Schädlichkeit durch nichts Geologisches, Chemisches, Elektromagnetisches, Tellurisches, Kosmisches - kurz, durch nichts Natürliches - verursacht wird. Es gibt nichts Ungesundes an der Lage oder der Konstruktion dieses Hauses. Wo also liegt die Quelle seines bösen Einflusses? In der Erinnerung der Wände. Wenn ein krebskranker Mensch eine Zeitlang in einem Haus oder einer Wohnung gelebt hat, sind die Wände mit schädlichen Wellen durchtränkt, die sie auf unbestimmte Zeit an alle späteren Bewohner weitergeben.

Diese Wellen haben eine niedrige Amplitude, aber eine sehr hohe Dichte. Wenn der neue Bewohner gute körperliche Widerstandskraft besitzt, wird er nicht beeinträchtigt; er ist jedoch anfällig, wenn das Schwingungsgleichgewicht seiner Zellen durch Faktoren wie Depressionen, Müdigkeit oder eine Erkältung gestört wurde und wenn ihre Wellenlänge niedriger ist als die der schädlichen Wellen, die von den Wänden ausgehen. Es kommt in seinem Körper zu einer elektromagnetischen Interferenz, die ein Schwingungsungleichgewicht seines Zelllebens verursacht. Wenn er bereits eine bestimmte Veranlagung hat, ist er dem Untergang geweiht. Das Krebshaus wird ein weiteres Opfer fordern.

Krebs hat seine eigene Wellenlänge

Es ist interessant zu wissen, dass die winzigen Wellenlängen dieser Mikroschwingungen gemessen werden können. Die verwendete Einheit ist das Angström: Es entspricht dem zehnmillionsten Teil eines Millimeters. Eine gesunde Zelle hat die gleiche Wellenlänge wie die Farbe Rot im Sonnenspektrum: etwa 6200 Angström. Mikroben, Viren und krankes oder mangelhaftes organisches Gewebe haben eine Wellenlänge von weniger als 6000 Angström. Krebs hat eine Wellenlänge von genau 4814 Angström. Er ist daher leicht zu erkennen. Krebshäuser können damit durch Untersuchung des Gedächtnisses von Wänden mittels eines geeigneten Messgeräts aufgespürt werden.

Ein solches Gerät gibt es bereits. In optischen Labors messen Fachleute die Wellenlängen von Mikroschwingungen üblicherweise in Angström. In der Regel verwenden sie die sogenannte interferometrische Methode. Solche technischen Bezeichnungen klingen für mich meist wie Altgriechisch. Ich denke man benötigt für solche Messungen einen Superspezialisten in Spektrometrie. Aber es ist wichtig, Menschen, deren wissenschaftliches Wissen nicht größer ist als das meine, versichern zu können, dass es jetzt möglich ist die Wellenlänge einer Mikrovibration zu bestimmen, deren Existenz noch vor wenigen Jahren geleugnet wurde. Das sichtbare Licht des Sonnenspektrums zum Beispiel, von violett bis dunkelrot, umfasst einen Wellenlängenbereich von zwei Fünfteln bis vier Fünfteln eines Mikrons (1 Mikron [μ] = 10000 Angstrom [Å]). Im unsichtbaren Spektrum sind die Wellenlängen noch kürzer und daher gefährlicher, als die des geheimnisvollen negativen Grüns (das Gegenteil des sichtbaren positiven Grüns), welches die kürzeste Schwingung im Universum ist. Sie ist auch die gefährlichste und ich werde später erklären, wie sie diejenigen töten kann, die in bestimmten Häusern leben.

Sobald wir in den Bereich der Mikrovibrationen, insbesondere der sichtbaren oder unsichtbaren Farben vorgedrungen sind, sehen wir uns mit Geheimnissen konfrontiert, die wir nicht verstehen können. Wir können immer noch dem Rat des Straußes in *Les Mariés de la Tour Eiffel* folgen: "Diese Geheimnisse befinden sich außerhalb unserer Reichweite; tun wir so, als hätten wir sie organisiert". Zum Beispiel stellen wir fest, dass Krebs ungefähr die gleiche Wellenlänge wie Indigo oder Blau hat. Mit ein wenig Phantasie und einer guten therapeutischen Begabung könnte ein Arzt oder ein Biologe zu ziemlich überraschenden Schlussfolgerungen kommen.

Ich habe oft festgestellt, dass bestimmte Zimmer oder Ecken von Schlafzimmern in Häusern, die durch das Unglück oder das Leiden früherer Bewohner schädlich geworden sind, einen viel bösartigeren Einfluss aufweisen als der Rest des Hauses. Die Erklärung hierfür wurde mir von Dr. Maurice Graff gegeben, der mich darüber informierte, dass Krebsstrahlen eine Reichweite von horizontal 1,55 Metern und vertikal 0,55 Metern haben. Um ein unwahrscheinliches Beispiel zu nennen, stellen Sie sich ein Krebsopfer vor, das in der Mitte eines großen Raumes regungslos auf einem Stuhl sitzt, immer weiter als 1,55 Meter von einer der Wände entfernt. Es kann keine Durchdringung stattfinden, die Wände werden keine Erinnerung an den Krebs haben und der Raum wird harmlos bleiben. Wenn das Opfer jedoch stattdessen in einem Bett in einer Ecke seines Schlafzimmers leidet und stirbt, wird diese Ecke gefährlich ansteckend sein.

Was für den Krebs gilt, gilt auch für alle anderen guten oder schlechten Einflüsse, die ein Haus auf seine Bewohner ausübt. Gibt es irgendjemanden, der sich in seiner Kindheit oder als Erwachsener in bestimmten Bereichen seines Hauses entweder wohl oder unwohl gefühlt hat? Ich möchte darauf hinweisen, dass es für unser Empfinden, unsere Gesundheit und unser Glück von Vorteil sein kann, wenn wir uns entschließen, die Erinnerung von Wänden in unserem täglichen Leben zu berücksichtigen.

Wie bei einem Lebewesen ist es das Gedächtnis, welches die ursprüngliche Persönlichkeit eines Hauses organisiert, aufbaut und entwickelt.

Zwischen einem Haus und einem oder mehreren seiner Bewohner gibt es oft einen Strom positiver oder negativer Gefühle, dessen Auswirkungen so offensichtlich wie in Beziehungen zwischen Menschen sind. Es kommt vor, dass ein Haus oder eine Wohnung einen seiner Bewohner bis zu einem Punkt hasst, dass es ihm mit allen Mitteln schaden will, für ihn unangenehm und feindselig wird und er von Stürzen, Krankheit oder Tod heimgesucht wird.

Auch das Gegenteil ist der Fall. Ich kenne Menschen, die ohne ersichtlichen Grund einen aggressiven Hass auf ihr Zuhause entwickeln; sie zögern nicht, es zu entweihen, zu entwürdigen oder sogar in Brand zu setzen, bis hin zur Beeinträchtigung des eigenen Komforts und der eigenen Sicherheit.

Nägel des Hasses

Eine meiner Kindheitserinnerungen ist die an einen Stallknecht namens Paco, der lieber in einer Haferkiste im Stall schlief als im Schloss in einem Federbett mit einer roten Daunendecke. Ich weiß nicht, warum er das Schloss so sehr hasste, vor allem den Ostflügel, der als Dienstbotenwohnung diente. Die Eingangstür dieses Flügels hatte ihre Scharniere verloren, so dass sie nicht mehr geschlossen werden konnte, aber der Rahmen aus Kastanienholz war noch solide, obwohl rissig und verwittert. Jedes Mal, wenn Paco an dieser Tür vorbeikam, schlug er einen rostigen Nagel in den Türrahmen, wobei er einen Stein oder einen Holzschuh als Hammer benutzte.

"Warum schlägst du immer einen Nagel in den Türstock?" fragte ich ihn eines Tages.

"Weil ich dieses verdammte Haus hasse! Ich hoffe, es fällt in Stücke und stirbt!"

Ich war noch ein Kind und konnte nicht verstehen, warum der freundliche Paco, der Freund meiner Pferde, mit solch einem mörderischen Hass gegen ein lebloses Haus erfüllt sein sollte. Ich blieb verwirrt, fasziniert und neugierig zurück, ein Geheimnis witternd, das wohl Erwachsenen vorbehalten sein musste. Ich war fasziniert von all den Nägeln, die auf beiden Seiten der Tür prangten – das Resultat eines grausamen, barbarischen Ritus, den ein spanischer Stallknecht als Angriff gegen ein Adelshaus ausgeführt hatte.

Die Poesie erklärt nie etwas, vor allem nicht, wenn die wilde Phantasie eines Kindes die Frage stellt. Erst auf dem Höhepunkt der Tragödie, bei der Abrechnung, konnte ich einen Blick auf die Wahrheit werfen. Eines Tages, als er einen rostigen Nagel in eine Wunde des Türrahmens schlug, holte sich Paco einen tiefen Kratzer am linken Zeigefinger. Zwei Wochen später war er tot. Ich weiß nicht, ob er an einer Blutvergiftung oder Wundstarrkrampf gestorben ist - ich war damals sieben Jahre alt. Das Haus hatte Rache an seinem Peiniger genommen. Ich kann mir bis heute nicht erklären, wie es zu einem solch tödlichen Hass zwischen einem Mann und einem Haus kommen konnte.

Das Haus lehnte den Eindringling ab

Jacques Rubinstein, ein französischer Hexenmeister, der sein kleines Dorf Méluzien nur selten verließ, sagte mir einmal, dass dieser seltsame Hass in allen ihm bekannten Fällen dieser Art "ein Ergebnis einer Disharmonie zwischen der persönlichen psychischen Schwingung des Bewohners und der Respiration des Hauses ist." Es ist, als ob ein einziger falscher Ton eine tödliche Feindschaft zwischen einem Musiker und seinem Instrument erzeugen könnte.

Zur Veranschaulichung seiner Ausführungen nannte er mir ein Beispiel aus seiner jüngsten Praxis:

"Madame M., eine alte Freundin von mir und eine meiner Kundinnen, besitzt ein großes Weingut in Burgund. Eines Tages rief sie mich an, um mir von seltsamen, unerklärlichen Vorfällen zu berichten, die sich auf ihrem Anwesen, in ihrem Haus und sogar in ihrer Weinkellerei ereignet hatten. Der neue Wein gärte abnormal, der Strom fiel immer wieder grundlos aus, Haushaltsgeräte funktionierten nicht, Motoren überhitzten, Ziegel fielen vom Dach, Dachfugen rissen, Dachböden wurden überflutet. Kurzum, es gab eine ganze Reihe von Pannen, die zwar nicht besonders schlimm, aber doch recht unangenehm waren.

"Ich gehöre nicht zu den Hexern, die überall die Hand des Teufels sehen; ich bin der Meinung, dass wir im normalen Leben genug natürliche Probleme haben, die uns beschäftigen, ohne dass wir uns ständig Sorgen über Probleme machen müssen, die übernatürlich sein könnten! Ich habe also zunächst versucht meine Freundin zu beruhigen. Ich erklärte ihr, dass solche Vorfälle in allen Häusern vorkommen, dass es keinen Grund zur Beunruhigung gäbe und dass sich die Dinge bald wieder normalisieren würden.

Einige Tage später schickte sie mir ein echtes SOS und bat mich, "offiziell" einzugreifen, d. h. magische Mittel einzusetzen, um die seltsamen Vorfälle, die sich immer mehr häuften, zu stoppen.

"Ich bin zu ihrem Anwesen gefahren, um mir ein Bild von der Lage zu machen. Ihr Haus ist das bodenständigste, das ich je gekannt habe. Es hatte sich seit meinem letzten Besuch nicht verändert: immer noch so freundlich und gesund wie eh und je. Leider machte eine Reihe von merkwürdigen kleinen Zwischenfällen das Leben der Bewohner unerträglich. Mit was für einem bösen Fluch könnte es belegt worden sein?

"Ich stellte eine sorgfältige Untersuchung an und fand heraus, dass das einzige neue Element ein Bediensteter war, der vor kurzem von Madame M. angestellt worden war. Er war ein zuvorkommender, fleißiger, wohlerzogener junger Mann von achtzehn Jahren, aber das Haus hatte ihn nicht akzeptiert. Die ständigen kleinen Missgeschicke zeigten, dass es ihn nicht mochte und als Eindringling betrachtete. Das war die Schlussfolgerung meiner Untersuchung.

"Ich musste sicherstellen, dass ich Recht hatte. Das war einfach, denn Madame M. war kooperativ und verständnisvoll. Ich riet ihr, den jungen Mann für einen Monat auf ein anderes ihrer Landgüter in Morvan zu schicken. Sofort hörten alle Zwischenfälle auf und die Situation normalisierte sich wieder völlig.

"Um ganz sicher zu gehen, dass ich wirklich die Ursache des Problems gefunden hatte, bat ich sie den jungen Mann auf ihr Anwesen in Burgund zurückzurufen. Kaum war er angekommen, zeigte das Haus erneut seinen Unmut. Es hasste ihn zwar nicht wirklich, aber zeigt genug Abneigung gegen ihn um so viele Dinge schief gehen zu lassen, dass ein Leben in ihm zu einer echten Belastung wurde. Madame M. schickte ihn schnell zurück nach Morvan. Er wurde Holzfäller statt Weinbauer. Vielleicht geht es ihm persönlich dort nicht besser in Burgund, aber das Haus ist glücklicher, weil es ihm gelungen ist sich verständlich zu machen und jemanden loszuwerden, den es verabscheute."

Nach Jacques Rubinstein ist es möglich, eine Person und ein Haus zu versöhnen, wenn das Haus die entsprechende Person verabscheut, aber nicht, wenn es andersherum ist. Wenn der Mensch bereit ist, regelmäßig bestimmte psychische Übungen zu praktizieren, kann er seine persönliche Schwingung mit der des Hauses in Einklang bringen und es dazu bringen, ihn zu tolerieren; aber keine Zeremonie, keine Umgestaltung und kein Exorzismus kann den Hass eines Menschen auf ein Haus in Zuneigung oder gar Gleichgültigkeit verwandeln.

Nicolas und Nicolo

Am 14. Juni 1610, genau zu dem Zeitpunkt, als König Heinrich IV. in Paris ermordet wurde, wurde das Chateau de Pau so stark in Mitleidenschaft gezogen, dass das königliche Wappen von der Fassade des Gebäudes fiel und zerbrach. Dies ist ein beredtes Beispiel für auf mysteriöse Weise zusammenhängende Ereignisse, aber es ist subtiler, dies als Ausdruck der emotionalen Verbundenheit zwischen Heinrich IV. und seinem Geburtshaus zu sehen.

Ich habe dieses Beispiel gewählt, weil es historisch und berühmt ist, aber es ließen sich Hunderte anderer Beispiele anführen, die weniger berühmte Menschen betreffen, wie zum Beispiel einen lieben, inzwischen verstorbenen Freund von mir, den ich Nicolas nennen möchte, weil er in der Rue Niccolo in Paris wohnte. Sein kleines Haus mit Garten stammte aus der Zeit, als das heutige Stadtviertel Passy noch ein Bauerndorf war. Er liebte dieses Haus und das Gefühl beruhte auf Gegenseitigkeit. Wir haben dort oft schöne Stunden verbracht. Wenn es noch andere Überlebende dieser Zusammenkünfte geben sollte, bin ich sicher, dass sie sie nicht vergessen haben und könnte mir vorstellen wie sich - wenn sie diese Zeilen lesen - in ihren Augen bei der Erinnerung an diese Zeit ein Funke von Amüsement zeigen würde. Aber das nur nebenbei.

Eines Tages musste mein Freund Nicolas sein Haus verkaufen. Ich sage, er "musste es verkaufen", um seinen Verrat zu entschuldigen; in Wirklichkeit hat er der Versuchung des Geldes nachgegeben und sich den vernünftigen Notwendigkeiten gebeugt. Es wurde beschlossen, an der Stelle seines Hauses und Gartens ein luxuriöses Wohnhaus zu errichten. Der Fortschritt lässt sich nicht aufhalten - leider. Nur die Atombombe könnte das schaffen, aber niemand - nicht einmal die Verrückten, die nur durch Terror zur Vernunft zu bringen sind - werden es jemals wagen, sie einzusetzen.

Von Gewissensbissen geplagt und um nicht Zeuge des Verbrechens gegen die Zivilisation zu werden, welches in der Rue Niccolo begangen werden sollte, verließ Nicolas Paris und begab sich nach Perpignan, um eine jener Verabredungen mit dem Schicksal zu haben, die niemand verpassen darf. Kaum angekommen, wurde er Opfer eines außergewöhnlichen Unfalls, der in den Annalen der Versicherungsgesellschaften einzigartig ist. Er war gerade aus dem Zug ausgestiegen und befand sich noch auf dem Bahnsteig des Bahnhofs, als ihm ein Mann auf den Kopf fiel. Ein einhundertsechzig Pfund schwerer Arbeiter war von dem Gerüst gerutscht, auf dem er gestanden hatte um das Dachfenster zu reinigen.

Der Aufprall war für beide Männer hart. Alle Knochen im linken Fuß des Arbeiters wurden zertrümmert. Nicolas, der seinen Sturz abgemildert hatte, erlitt einen Schädelbruch. Als Nicolas aus dem Koma erwachte, litt er an Amnesie und starb einige Wochen später, ohne sein Gedächtnis wiedererlangt zu haben - was auch bedeutete, dass er für immer vergaß, dass er das Haus, das er liebte, verloren hatte. Durch einen seltsamen Zufall hörte er genau dann auf, sich zu erinnern, als die Zerstörung des Hauses begann: Zum Zeitpunkt seines Unfalls in Perpignan begannen die Arbeiter mit den Abbrucharbeiten an seinem Haus in Paris. Nicolas überlebte sein Haus nur um wenige Tage.

"Feuerlöschende" Mönche

Wie man an dieser Geschichte sieht, findet die Liebesbeziehung zwischen einem Menschen und seinem Haus manchmal ein tragisches Ende. Wenn die Beziehung jedoch nur auf Freundschaft und gegenseitigem Wohlwollen beruht, braucht man keine Tragödie zu befürchten.

Diese Häuser besitzen eine "gute Mentalität"; sie sind zuvorkommend, verständnisvoll und erzieherisch: sie übertragen ihre Gaben und Geheimnisse, die ihnen zweifellos ursprünglich von einem besonders strahlenden Besitzer mit ausladender Vitalität gegeben wurden, von ihren Mauern und Balken aus auf ihre aufeinanderfolgenden Bewohner. Dieser ursprüngliche segensreiche Geist ermöglicht es ihnen, ihre Bewohner mit erstaunlichen Gaben und Kräften auszustatten - so erstaunlich, dass ich nicht wage, auf eigene Gefahr Beispiele zu nennen, die nur mir bekannt sind - aus Angst, man könnte mir vorwerfen, ich hätte sie erfunden. Ich ziehe es vor, andere zu nennen, die ich nicht persönlich überprüft habe, die mir aber aus zuverlässigen Quellen zugetragen wurden.

Das Trappistenkloster Notre-Dame-des-Neiges in der Nähe von Saint-Laurent verleiht den dort lebenden Mönchen die seltsame Fähigkeit, "Feuer zu löschen". Wenn im Umkreis von mehreren Kilometern um das Kloster ein Feuer ausbricht, wird nicht die Feuerwehr gerufen, sondern ein Trappistenmönch, welcher sich auf einen Stuhl setzt, der so nah wie möglich am Feuer steht. Die Flammen ziehen sich daraufhin zurück, das Feuer erlischt und erstickt an dem, was es bereits verschlungen hat.

Die einzige Panne, von der ich in diesem Zusammenhang berichten kann, ereignete sich, weil es einige Einwohner einmal zu eilig hatten. Sie rannten zum Kloster, um einen "Feuerlöscher" zu holen. Ohne Zeit mit nutzlosen Erklärungen zu verschwenden, packten sie den ersten Mönch, den sie sahen, und schleppten ihn, ohne auf seine Proteste zu achten, mit Gewalt zum Brandherd. Da er sich weiter wehrte und protestierte, fesselten sie ihn an einen Stuhl und stellten ihn in die Nähe des Feuers. Zu nahe, denn sein selbstgewebtes Gewand fing Feuer, als wäre er in der Hölle. Er schrie wie ein Schwein im Schlachthof. Seine Schreie und das Feuer mussten mit Wassereimern gelöscht werden. Dann, während die Ruinen des Schuppens noch rauchten, kam es zu einer Diskussion, die die Wahrheit ans Licht brachte. Der Mönch, den die Bauern zum Feuer geschleppt hatten, gehörte nicht zum Trappistenkloster; er war nur ein vorübergehender Gast, der sich für eine Woche dort aufhielt. Er besaß daher nicht die besondere Macht, die das Gebäude seinen regulären Bewohnern verleiht.

Sauve-Plantade drängt ein Geschenk auf

Aufgrund des sakralen Charakters des Gebäudes und seiner Bewohner scheint es nicht allzu unwahrscheinlich, dass ein Trappistenkloster seinen Mönchen die Macht verleiht, "Feuer zu löschen". Aber es ist viel schwieriger zu glauben, dass ein gewöhnliches Haus auf dem Lande, ohne Adel oder Mysterium, in den letzten zwei Jahrhunderten eine wundersame Gabe der Heilung an die Bewohner weitergegeben hat.

Doch ein solches Haus gibt es tatsächlich in Sauve-Plantade, einem kleinen Weiler etwa eine Meile von Vogué, Frankreich entfernt. Marcel Sauvage, ein ehrlicher und furchtloser Journalist, entdeckte es fünf oder sechs Jahre vor dem Krieg. Er stellte fest, dass es seinen Bewohnern "die Gabe auferlegte" sie - unwissentlich oder sogar gegen ihren Willen - zu unfehlbaren Heilern für bestimmte Krankheiten zu machen: "Gelbsucht, Zahnschmerzen, Warzen, Nagelpilz, Verstauchungen und Ischias". Diese Kraft ist kein Erbe, kein Geheimnis, das vom Vater an den Sohn oder vom Lehrer an den Schüler weitergegeben wird, wie es in ländlichen Gegenden oft geschieht. Die aufeinanderfolgenden Bewohner dieses strohgedeckten Hauses waren nicht miteinander verwandt und in vielen Fällen kannten sie sich untereinander nicht einmal. Es ist wirklich das Haus und nur das Haus, das den Menschen, die es bewohnen, aus Freundschaft die Kraft der Heilung einhaucht. Sein Gedächtnis hat dieses Geheimnis einst registriert und es später auf die Idee gebracht, es zu nutzen.

Eine Wassergeschichte

Das Presbyterium von Saint-Jean-de-Lespinasse ist ebenfalls ein gutes Haus mit einer wohlwollenden Einstellung gegenüber den Menschen. Es hat die kuriose Besonderheit, die Gabe des Wünschelrutengehens "zu verleihen". Der Pfarrer, der dort wohnt, braucht aber weder eine Wünschelrute noch ein Pendel, um die Lage von unterirdischem Wasser zu entdecken. Der Grund hierfür ist Pater Faramelle, der im neunzehnten Jahrhundert fünfundzwanzig Jahre lang in diesem Haus lebte. Er ortete 10 275 Trinkwasserquellen, indem er mit seinem Regenschirm mit eiserner Spitze auf sie zeigte und die Tiefe jeder Quelle bis auf wenige Zentimeter genau angab. Die Erinnerung der Mauern des Pfarrhauses wurde durch seine Sensitivität als Wünschelrutengänger tief geprägt. Seitdem hat das Haus allen Priestern, die es bewohnten, die Gabe des Wünschelrutengehens förmlich "aufgezwungen".

Nach dieser erbaulichen Geschichte werde ich nur noch eine diskrete Anspielung auf das Gerichtsgebäude von Aurillac machen, welches nach einer sehr alten Tradition seinem Türhüter die Gabe "verlieh", verzauberte Liköre zu brennen. Ich werde nicht näher darauf eingehen, um welche Art von Verzauberung es sich handelt und wie sie manchmal genutzt wurde.

Obligatorisches Feng-Shui

Vor dem Aufstieg von Mao Tse-tung legten die Chinesen großen Wert auf die Gesundheit von Häusern. In dieser speziellen Form der Hygiene waren sie viel weiter fortgeschritten und viel raffinierter als wir im Westen. Bevor sie mit dem Bauen begannen, konsultierten sie immer einen Meister des Feng-Shui, eine Art Geophysiker, der halb Zauberer und halb Beamter war. Seine Aufgabe war es, herauszufinden, ob an dem gewählten Standort schädliche Strahlung aus dem Boden austrat. Eine Baugenehmigung wurde nur erteilt, wenn eine geophysikalische Untersuchung keine Gefahr ergab. Es war strengstens verboten, ein Haus über den "Adern des Drachen" zu bauen, d. h. über einem unterirdischen Bach, egal wie weit unter der Oberfläche er liegen mochte.

Die Präfekten der Französischen Republik sind weniger weise und klug als die Mandarine des himmlischen Reiches. Wie schade! Es gäbe weniger Kranke in Frankreich, wenn kein Haus ohne die Genehmigung eines Meisters des Feng-Shui gebaut werden könnte. Es würde genügen, ein Korps von Wünschelrutengängern zu haben, die speziell dazu ausgebildet sind, tellurische Ströme aufzuspüren und Architekten dazu zu bringen, sie zu konsultieren, bevor sie - selbst in der Entwurfsphase - irgendeine Arbeit ausführen. Dann wäre es nicht mehr (wie heute) möglich, tödliche Gefängnisse für unschuldige Menschen zu bauen; Häuser und Gebäude, die Depressionen, Müdigkeit und Krankheiten verursachen, obwohl sie hochmodern, komfortabel und hygienisch scheinen. Die städtischen Gesundheitsämter, die so wachsam bei der Beseitigung unhygienischer Zustände sind, würden diese neue Art von Ingenieuren einsetzen, um ungesunde Strahlungen zu neutralisieren und gefährliche Wohnungen von allen schädlichen Wellen zu befreien.

Aber die französische Regierung begnügt sich damit, den Bau von Gebäuden zu fördern, die wie riesige Kaninchenställe aussehen. Ihr soziales Bewusstsein geht nicht so weit, sich zu vergewissern, ob Lage, Materialien und Gestaltung dieser Unterkünfte so beschaffen sind, dass den Bewohnern zumindest eine Möglichkeit zum Überleben garantiert wird.

Es ist an der Zeit zu begreifen, dass es für einen Menschen nichts Gefährlicheres, Wichtigeres und Entscheidenderes für seine Balance und Zukunft gibt als sein Haus. Welchen Sinn hat ein Umweltminister, wenn seine oberste Pflicht nicht darin besteht, alle notwendigen Maßnahmen zu ergreifen, die vermeiden, dass Menschen - ob sie nun Steuerzahler, Wähler oder Bürger genannt werden - ihre Gesundheit, ihr Glück, ihr Glück und sogar ihr Leben riskieren, wenn sie in ein neues Haus ziehen?

Ein echter sozialer Fortschritt würde darin bestehen, Feng-Shui in Frankreich obligatorisch zu machen. Aber wir werden wohl warten müssen, bis die Phantasie an die Macht kommt und diese Zeit ist nicht gerade in Sicht.

Die Erfinder der "Geschlagenen Erde"

Kehren wir zu den klugen Chinesen zurück. Sie hüteten sich vor der Erinnerung der Mauern und hatten traditionelle Methoden, um sich vor ihnen zu schützen. Wenn zum Beispiel in einem Haus eine Bluttat begangen wurde, vertrieb die Polizei, bevor sie den Bewohnern die Rückkehr erlaubte, die böse Erinnerung aus dem Haus. Mit emsigen Knüppeln schlugen sie auf Wände, Boden, Balken, Dach und im Falle eines Landhauses ohne Fußboden sogar auf den Lehmboden ein, bis das Haus das Ereignis, das zu seiner Bestrafung geführt hatte, völlig vergessen hatte. Der böse Geist wurde gleichzeitig mit der Erinnerung an das Verbrechen vertrieben und die Menschen konnten wieder anfangen, in diesem Haus ihr Glück zu schmieden.

In Frankreich wäre es natürlich unmöglich, die Polizei davon zu überzeugen, dass es notwendig sein könnte, an einem Tatort ein solch rigoroses Vorgehen durchzuführen. Selbst Virtuosen des Schlagstocks würden es als unwürdig erachten auf Wände einzuschlagen. Für die Polizei haben Mauern zwar oft Ohren, aber nie ein Gedächtnis.

Tragische Häuser

Diese Haltung ermöglicht es gewissen Häusern immer wieder Opfer zu fordern. Wenn man die Kriminalgeschichten in den Zeitungen liest, stellt man fest, dass ein Haus, in dem ein Verbrechen begangen wird, oft eine Art Vorstrafenregister hat. Es hat tragische Erinnerungen, die von seinen Wänden abstrahlen und ein neues Verbrechen verursachen, welches dann wiederum eine weitere schlechte Erinnerung hervorruft und so weiter. Es wäre besser dem Beispiel der Chinesen zu folgen und einen Weg zu finden, diesen Häusern eine Amnesie zu verabreichen.

Zeitungskrimis und griechische Tragödien haben denselben Hintergrund und dieselbe Moral. Wenn ich Hippolyt in dem nach Inzest und Mord stinkenden

Palast des Theseus in Troizen sagen höre, dass "großen Verbrechen immer andere Verbrechen vorausgehen", denke ich an all die Mordopfer, deren Geschichten täglich in den Zeitungen erscheinen. In einigen dieser Fälle mag das Opfer eines gewaltsamen Todes gestorben sein, weil sein Haus in der näheren oder ferneren Vergangenheit Schauplatz eines anderen Mordes war, einen Geschmack für Blut entwickelte und auf eine Gelegenheit wartete, diesen Geschmack erneut zu befriedigen. Häuser besitzen ein ähnliches fleischliches Gedächtnis wie Tiger: Wenn sie einmal Menschenfleisch gefressen haben, sind sie für immer gefährlich. Dann ist es besser, sie zu vernichten, anstatt zu versuchen, sie zu heilen.

Wenn die Erinnerung eines Hauses durch ein außergewöhnliches Gewaltverbrechen traumatisiert wurde, besteht die beste Lösung darin, es abzureißen und Salz auf den Platz zu streuen. Das soll das Schicksal des berühmten Bauernhauses von Cestas gewesen sein, in dem ein blutrünstiger Verrückter, von Polizisten belagert, nationale Berühmtheit erlangte, indem er seine beiden Kinder und anschließend sich selbst tötete. Es heißt aber auch, dass das Haus nicht aus Sicherheitsgründen zerstört wurde - um zu verhindern, dass sich eines Tages an derselben Stelle eine zweite Tragödie ereignen könnte, die durch die Erinnerung an die erste ausgelöst wird - sondern einfach, um die Neugierigen abzuschrecken, die immer wieder kommen, um sich die Mauern anzusehen hinter denen sich etwas Schreckliches ereignet hat.

Aus mir unbekannten Gründen gibt es Häuser ohne Erinnerung. Das ist der wichtigste Einwand, den Skeptiker vorbringen: Wie sollen wir glauben, dass bestimmte Mauern Erinnerungen an die kleinsten Ereignisse des Lebens bewahren, wenn so viele andere für die traumatischsten Geschehnisse unempfänglich zu bleiben scheinen? Jeder kann gute (oder vermeintlich gute) Beispiele für die Unempfindlichkeit von Häusern finden.

Aber die Ausnahmen reichen nicht aus, um die Regel zu entkräften. Es ist durch viele Beobachtungen bewiesen, dass sich in bestimmten Häusern in regelmäßigen Abständen Verbrechen und Tragödien ereignen, als würden sie durch einen geheimnisvollen Einfluss ausgelöst, der von den Wänden ausgeht.

Wie könnte man zum Beispiel nicht von den tragischen Ereignissen beeindruckt sein, die sich in einem bestimmten Haus in Orgerus zugetragen haben? Ein Pariser Industrieller verbrachte dort regelmäßig seine Wochenenden, fuhr aber nie unter der Woche dorthin. Obwohl es sich um ein schönes, komfortables Haus handelte, verband er damit nur traurige Erinnerungen: Sein Vater hatte dort Selbstmord begangen und seine Mutter war dort unter besonders schmerzhaften Umständen gestorben. Und das waren nicht die einzigen Unglücke; der Kürze halber werde ich nicht alle Kümmernisse und unangenehmen Vorkommnisse beschreiben, die das Haus in großer Zahl hervorzubringen schien.

Auf jeden Fall konnte sich der Besitzer nicht dazu durchringen, es zu verkaufen, da es sich seit langem im Besitz seiner Familie befand und dieses Zögern kostete ihn sein Leben. Eines Tages beschloss er, mitten in der Woche nach Orgerus zu fahren, was er zuvor noch nie getan hatte. Als er das Haus betrat, fand er zwei junge Ganoven vor, die es in aller Ruhe ausrauben wollten und sich sicher waren, dass sie nicht gestört werden würden. Vor lauter Panik über sein unerwartetes Erscheinen verloren sie den Kopf und schossen auf ihn. Tödlich verwundet fiel er genau an der Stelle, an der sich sein Vater ein paar Jahre zuvor umgebracht hatte. Die Wände hatten wirklich ein gutes Gedächtnis!

Schmerzabsorbierende Nägel

Es sind nicht nur Mord, Folter und andere Formen von Gewalt, die Häuser durchdringen, sondern auch körperliches und seelisches Leid, wenn es intensiv und langanhaltend ist. Wände wirken dann wie Löschpapier: Sie saugen die schwarze Tinte menschlichen Schmerzes auf. Auf diese Weise können sie teilweise das Leiden lindern.

Aus diesem Grund schlägt in vielen ländlichen Gegenden eine Bäuerin - insbesondere in der Region Domfront der Normandie - einen Nagel in die Wand, wenn sie Schmerzen hat und zwar in Höhe des Körperteils, der ihr Probleme bereitet; vom Nagel wie ein Blitz von einem Blitzableiter angezogen, fließt der Schmerz aus ihr heraus und in die Wand. Dort verbleibt er, bis ein Nachhall ihr Leiden auf geheimnisvolle Weise auf einen späteren Bewohner des Hauses projiziert.

Wenn Sie in vielen verschiedenen Häusern wohnen, werden sie derartiges oft am eigenen Leib erfahren. Die Leiden der früheren Bewohner lagern sich wie eine unsichtbare Schmutzschicht an den Wänden ab. In bestimmten Räumen spürt man eine Art verdichtete Qual. Die amouröse Verzweiflung von vor hundert Jahren; sei es ein Schlafzimmer oder ein Boudoir. Die Glut des Familienhasses glimmt unter der Asche vieler Jahrzehnte weiter und kann Sie auch heute noch verbrennen. Für die Bewohner bestimmter Häuser bestehen sie fort, schaffen ein psychologisches Klima und konstruieren mit den emotionalen Überresten der Toten das Glück oder Unglück der Lebenden. Es handelt sich um eine weniger schwerwiegende Version der Ansteckung mit verzögerter Wirkung, die (wie wir in einem früheren Kapitel gesehen haben) in Häusern existiert, die Krebs oder andere Krankheiten erzeugen.

Fassen Sie keine "Burg" an!

Dasselbe Phänomen, das in Lebensgröße bei Häusern auftritt, lässt sich in Miniaturform in kleinen Steinhaufen genauer und bequemer studieren. Ich denke dabei an die kleinen Pyramiden aus weißen Steinen, die sich in der Umgebung von Bagnoles-de-l'Orne unter Bäumen finden - vor allem in der Nähe der Kapelle von Saint-Orthaire. Sie sind weder von spielenden Kindern gemacht, noch ein Produkt der Natur oder des Zufalls.

Es handelt sich um seltsame Hinterlassenschaften menschlicher Leiden, die von Patienten zurückgelassen wurden, welche zur Heilung in den Kurort Bagnoles-de-l'Ome gekommen sind. Es ist eine amüsante Praxis; Rheumapatienten übertragen ihr Leiden auf kleine Steine, die sie am Fuße eines Baumes in der Landschaft aufstapeln; wenn der letzte Stein eingesetzt und die Pyramide vollendet ist, sind sie geheilt. Die "Ladung" der Steine wird durch den üblichen Prozess der Ausstrahlung und Absorption aufgebaut: Der Patient schläft eine oder mehrere Nächte mit einem Stein, welcher den Teil seines Körpers berührt, von dem er den Schmerz entfernen möchte. Das Gedächtnis der Steine speichert den Schmerz und bewahrt ihn, solange man sich nicht seinem Nachhall aussetzt, indem man in das Magnetfeld der kleinen Pyramide kommt oder die Steine berührt, aus denen sie besteht.

Diese "Burgen", wie die Pyramiden von den Einheimischen genannt werden, stellen eine doppelte Gefahr dar: wegen der Formwellen, die sie aussenden und wegen der ansteckenden Erinnerungen, die von ihnen ausgehen. Sobald die Kinder der Region alt genug sind, um allein durch die Wälder zu streifen, werden sie von ihren Eltern und Lehrern eindringlich ermahnt: "Was auch immer ihr tut, berührt auf keinen Fall ein "Schloss", egal aus welchem Grund! Ihr würdet euch den Rheumatismus einfangen, von dem die Steine durchtränkt sind!"

Woran erinnern sich Häuser am ehesten? Es besteht kein Zweifel, dass ihr Gedächtnis am stärksten von Misshandlungen, bösartigen Gefühlen, Gewaltszenen, Tragödien und Morden geprägt ist. Deshalb sind "Glückshäuser", die einen offensichtlich segensreichen Einfluss ausüben, so selten. Glück oder Heiligkeit müssen mit großer Intensität in einem Haus ausstrahlen, bevor sich seine Wände daran erinnern. Normalerweise sind die Häuser, denen wir begegnen, entweder neutral oder bösartig, und die ersteren sind - Gott sei Dank - viel zahlreicher als die Letzteren.

Rückstände

Wir wissen, dass ein schädlicher Einfluss oft von der Erinnerung der Mauern ausgeht, aber es sollte auch darauf hingewiesen werden, dass dieses Gedächtnis manchmal andere Dinge als lebendige Erfahrungen registriert. Manchmal wird es aus Bosheit, Nachlässigkeit oder Unwissenheit mit Fäulnisstoffen belastet, deren Rückstände es für immer vergiften.

Aus diesem Grund sollten Häuser niemals auf dem Gelände ehemaliger Leichenhäuser oder Friedhöfe gebaut werden. Die Verwesung tierischer oder menschlicher Leichen durchtränkt den Boden in jedem Fall nachhaltig mit subtilen, unsichtbaren, aber giftigen Miasmen, die mit häuslicher Sicherheit unvereinbar sind.

Manchmal dienen Leichen als magische Unterstützung für gezieltere und präzisere Flüche. Das Gedächtnis der Wände wird dann sozusagen durch die aufgezwungene, aber unbekannte Anwesenheit eines Gegenstands oder einer Leiche verletzt, die absichtlich und böswillig aufgeladen wurde, um den Bewohnern zu schaden. Dabei kann es sich um den Körper eines Hundes, einer Katze, eines Huhns oder manchmal auch um ein totgeborenes Baby handeln, das ein böser Hexer mit schädlichen Strahlen durchtränkt und dann heimlich im Keller oder unter der Türschwelle vergraben hat.

Bösartige Wellen können auch nur abstrakt sein: Sie können zum Beispiel jedes Haus, das auf dem Gelände eines ehemaligen Gefängnisses, eines Konzentrationslagers oder eines anderen Ortes gebaut wurde, an dem eine große Zahl von Menschen der Freiheit beraubt wurden und/oder großes Leid und Verzweiflung erfahren haben, mit einem bösen Zauber belegen. Die

Ausstrahlungen, die von den Stätten derartiger Infernos ausgehen, sind in der Lage, das emotionale Klima der Menschen, die dort leben, ernsthaft zu stören.

Kurzum, in allen genannten Fällen werden Krankheit, Unglück und Pech das Los eines jeden sein, der so unvorsichtig ist an einem solchen Ort zu leben, ohne die entsprechenden Vorsichtsmaßnahmen getroffen zu haben.

Vier Untersuchungen, die noch nicht abgeschlossen sind

Häuser, die durch ihre Erinnerung bösartig geworden sind, finden sich häufig in Geschichten und Legenden. Örtliche Überlieferungen sind voll davon; wer sich für dieses Thema interessiert, braucht nur Fragen zu stellen und seine Neugierde wird befriedigt werden. Ich will nicht noch einmal die Arbeit wiederholen, die bereits von anderen (Historikern und anderen Gelehrten, Verfassern, Reisebüros) geleistet wurde und deren Ergebnisse in mehr als tausend faszinierenden Bänden niedergeschrieben wurden. Allein für Frankreich gibt es in diesen Büchern genug, um das ganze Leben eines gutgläubigen Touristen oder Wundersuchers zu füllen. Ich werde ihnen nichts hinzufügen.

Ich werde lediglich kurz vier aktuelle Fälle anreißen und sie als Untersuchungsvorschläge für Suchende anbieten, die zwar skeptisch, aber interessiert sind, die Theorie mit den Fakten zu vergleichen.

I. Das Haus von Landru in Gambais. Dies ist die einfachste der vier Untersuchungen. Es genügt, eine Liste der aufeinanderfolgenden Bewohner des Hauses in den letzten fünfundvierzig Jahren zu erstellen und herauszufinden, was aus jedem von ihnen geworden ist. Die Ergebnisse werden erbaulich sein. In der Zwischenzeit werde ich so tun, als ob ich nichts wüsste, denn ich möchte keinen potenziellen Mieter entmutigen, der vielleicht ein wenig abergläubisch sein könnte.

2. Die Rue de Montreuil in Versailles. Ich werde die Hausnummer diskret weglassen, aber jeder, der sie in Erfahrung bringen will, kann dies leicht bewerkstelligen. Sieben aufeinanderfolgende Eigentümer dieses Gebäudes haben in ehelicher und finanzieller Hinsicht unter dem schlechten Einfluss des Gebäudes gelitten. Auch Mietern scheint dieses Unglück nicht erspart geblieben zu sein.

3. In Montfort-sur-Argens steht eine alte Komturei der Tempelritter, die kürzlich restauriert wurde. Sie ist voll von guten und schlechten Erinnerungen, deren Nachhall sich vor allem im Okkulten bemerkbar macht. Bevor sie wiederaufgebaut wurde, waren ihre Türme Schauplatz eines seltsamen Phänomens. Wind, Regen und Vögel drangen ungehindert in die oberen Räume ein, da die Dächer und Böden eingestürzt waren und die Fensteröffnungen nicht mehr verschlossen waren.

Im Westturm bauten Mauersegler ihre Nester und waren glücklich, aber wenn sie versehentlich in den Ostturm flogen, kamen sie nicht mehr lebend heraus; durch die starke Strahlung, die ihnen den Orientierungssinn nahm, verrückt geworden, brachten sie sich schließlich selbst um, indem sie ihre Köpfe gegen die Wände rannten. Der Boden war mit ihren Leichen übersät, die mit gekreuzten Beinen auf dem Rücken lagen. Auch hier findet sich ein Rätsel, das noch geklärt werden muss.

4. Henri Philippon, ein ehrlicher Mann mit Stil und Wissen, hat mir widerwillig von einem Haus in seinem Teil Frankreichs (in Marcilhac, in der Nähe von Lamothe-Fénelon) erzählt, welches als "das Haus des Engländers" bekannt ist. Es handelt sich um ein altes Haus, das aus der Zeit der englischen Besetzung von Guyenne während des Hundertjährigen Krieges stammt und anscheinend zu Recht den Ruf hat, seinen Bewohnern Unglück zu bringen. An seiner Fassade befinden sich zwei geschnitzte Sonnenmasken, die wohl die Kondensatoren des bösen Einflusses sind. Das letzte Opfer des Hauses war ein fünfundfünfzigjähriger Eisenbahner namens Jardel. Er hatte das Haus gekauft oder gemietet, um dort in Ruhe seinen Lebensabend zu verbringen. Am Tag seiner Ankunft stürzte ein Teil des Daches ein und auf ihn, wobei er ums Leben kam. Auch seine Tochter lebte nicht lange in diesem Haus. Sie fand ebenfalls einen tragischen Tod: Sie wurde von einem wütenden Bock angegriffen, der ihr die Wirbelsäule brach. Es wäre interessant in die Erinnerung dieser Mauern einzudringen, um den Ursprung des Fluchs zu ergründen, der so viele Jahrhunderte überdauerte und schließlich einen unschuldigen pensionierten Eisenbahner niederstreckte.

Alle vier Fälle sind noch ungelöst, genau wie viele andere. Sie sollten sorgfältig beobachtet und überprüft werden. Die Detektive des Geheimnisvollen haben alle Hände voll zu tun.

Kapitel VI

VORSICHTS- UND ABHILFEMASSNAHMEN

Wenn ein Werk in Bezug auf Intensität, Proportionen, Ausführungsqualität und Perfektion sein Maximum erreicht, tritt ein unbeschreibliches Raumphänomen auf; der Ort beginnt physisch zu strahlen. Dies liegt im Bereich des Unbeschreiblichen.

Edouard Le Corbusier

Wahrscheinlich gibt es immer noch vernünftige Menschen, die mit heiterer Selbstsicherheit, ohne Scheu oder Angst, die Existenz bösartiger Häuser leugnen. Die Scheuklappen der Vernunft hindern sie daran, die irrationalen, aber offensichtlichen Fakten auf beiden Seiten ihrer Sichtlinie zu sehen. Selbst wenn sie selbst Opfer eines Hauses sein sollten, das ihnen Unglück bringt, sie krankmacht oder langsam umbringt, werden sie weiterhin unerschütterlich behaupten, dass es solche Häuser nicht gäbe.

Umso schlimmer für sie! Ich habe es aufgegeben, sie überzeugen zu wollen. Aber um mich nicht dem Vorwurf aussetzen zu müssen, jemandem nicht geholfen zu haben, der sich in Gefahr befindet, widme ich dieses Kapitel speziell ihnen: Es handelt von den Vorsichtsmaßnahmen, die man treffen sollte, bevor man ein Haus baut oder darin wohnt und von den Heilmitteln, die man anwenden kann, wenn man das Pech hat, in einem bösartigen Haus wohnen zu müssen.

Blei und Kupfer

Vor dem Kauf eines Baugrundstücks ist es sinnvoll, die genaue Zusammensetzung des Bodens zu kennen. Wie wir gesehen haben, ist es besser, durchlässige und dielektrische Böden aus Sand, Kies, Sandstein usw. zu wählen und undurchlässige Böden aus Ton, Mergel, Kreide usw. zu vermeiden. Eine Untersuchung durch einen Geologen wird diese wichtigen Informationen liefern.

Dann sollte ein Wünschelrutengänger konsultiert werden, um herauszufinden, ob schädliche Ströme durch das Gebiet fließen - an der Oberfläche oder weiter unten.

Wenn dies der Fall ist, sollten ihr Ursprung und ihre Ursache bestimmt werden: das Vorhandensein eines radioaktiven Elements im Boden, ein unterirdischer Fluss, eine geologische Verwerfung, ein ionisierter Hohlraum usw.

Wenn der Wünschelrutengänger und der Geologe den Boden übereinstimmend als ungesund oder bösartig einschätzen, ist es ratsam den Gedanken aufzugeben, an diesem Ort ein Haus bauen zu wollen. Aber auch wenn keiner von beiden etwas Ungesundes findet oder wenn nur schwache Spuren schädlicher Einflüsse gefunden werden, ist es immer noch eine gute Idee, bestimmte Vorsichtsmaßnahmen zu treffen, um sich gegen ein mögliches Auftreten oder Wiederaufleben einer störenden tellurischen Strömung zu schützen.

Das Wichtigste ist, einen Schutzschirm zwischen dem Inneren des Hauses und der tatsächlichen oder potenziellen Quelle schädlicher Strahlung zu schaffen. Am besten ist es, eine Bleischicht unter das Fundament zu legen; dann ist die Isolierung perfekt. Allerdings werden die Baukosten dadurch erhöht. Um Geld zu sparen, kann man Blei durch Teerpappe ersetzen oder Bleiplatten nur unter den Bereichen anbringen, in denen sich die Betten befinden.

Diese Art des Schutzes hat einen schwerwiegenden Mangel: Nach vielen Jahren der Nutzung ist das Blei mit schädlichen Strahlen gesättigt und kann nicht mehr als Schutzschild dienen; es wird sogar zu einem regelrechten Strahlungsspeicher und erhöht durch seine Entladung die Virulenz der Strahlung.

Um diesen Nachteil zu vermeiden, empfiehlt mein Architekt, unter das Blei eine dünne Zementschicht zu legen, in die kleine Mengen von Schwefel, Kalk und Holzkohle gemischt wurden.

Um die Abwehr zu verbessern, kann ein Gitter aus elektrolytischem Kupfer, welches als Antenne dient, in die Zementschicht eingelegt werden. Es sollte durch einen Draht an der nördlichen Ecke geerdet werden. Auf diese Weise wird das Blei nie gesättigt, da die schädliche Strahlung sofort in den Boden zurückgeschickt wird, bevor sie absorbiert werden kann.

Ein See aus Olivenöl

Das ist überhaupt eine gute Vorsichtsmaßnahme, die jeder treffen sollte - auch Bauherren, die nicht glauben, dass schädliche Strahlen die Atmosphäre eines

Hauses stören können. Ein Netz von geerdeten Kupferdrähten in den Wänden oder unter den Fußböden wird zumindest nützlich sein um die statische Elektrizität abzuleiten, die sich in den Betonkästen bildet, welche aktuell massenhaft zur Unterbringung anständiger Familien hergestellt werden und für viele der Unglücke verantwortlich sind, die den Bewohnern dieser Faraday'schen Käfige widerfahren.

Ein weiterer Vorteil des Verfahrens ist, dass die Kupferdrähte offenbar verhindern, dass durch Kapillarwirkung Feuchtigkeit aus dem Boden ins Haus steigt.

Es handelt sich dabei um Mindestvorkehrungen und es ist fast schon kriminell zu nennen, diese zu unterlassen. Jeder Architekt, der sich seiner Verantwortung bewusst ist, sollte sie ergreifen. Wenn er sich weigert - aus Übermut, Skepsis, Dummheit oder Geiz - sollte er die von Fernand Pouillon geforderte Strafe für Kollegen erhalten, die sich der "Produktion von Hässlichkeit" schuldig gemacht haben: Sie sollten dazu verurteilt werden, zwanzig Jahre lang in dem zu leben, was sie gebaut haben. Ich kann mir gut vorstellen, wie es ihnen am Ende dieser Zeit ergehen wird!

Nachdem ich nun meine Pflicht erfüllt habe, indem ich über die besten Rezepte für professionelle Bauherren berichtet habe, werde ich Ihnen meinen eigenen Rat geben, der sich nicht dem Verdacht aussetzen lassen muss, von Eigennutz motiviert zu sein: Ich werde Ihnen sagen, was ich persönlich tun würde, wenn ich Millionär wäre und meinen Palast vor jeder noch so geringen schädlichen Strahlung schützen wollte: Ich würde ihn so bauen lassen, dass er auf einem zwei Fuß tiefen See aus Olivenöl schwimmt.

Edle und unedle Materialien

Es versteht sich von selbst, dass auch die Baumaterialien sehr wichtig sind. Ein Haus, das auf ungesundem Boden gebaut wird, ist besser vor schädlichen Einflüssen geschützt, wenn es aus Stein oder Holz besteht. Selbst auf einem guten Boden, auf dem es keine Spuren von Tellurismus gibt, wird ein Gebäude aus Stahlbeton ein Feind seiner Bewohner sein und jede Gelegenheit nutzen, um seine grundsätzliche Abneigung gegen Lebewesen zu zeigen.

Edle Materialien, wie sie von unseren Vorfahren verwendet wurden, werden nur noch selten eingesetzt. Sie sind zu teuer geworden und es gibt zu wenige Männer, die ausgebildet wurden um mit ihnen zu arbeiten. Die moderne Technik hat Stein und Holz durch synthetische Materialien ersetzt, die leichter zu formen, stabiler und billiger sind.

Der Backstein ist fast der einzige Überlebende. Dieser alte Freund der Armen, der in einem bestimmten Jahrhundert durch seine Liebesheirat mit dem quadratischen Stein in den Rang eines edlen Materials aufgestiegen ist, ist an sich weder bösartig noch ungesund; er respektiert und schützt die Bewohner der mit ihm gebauten Häuser. Er ist ein bescheidenes Material, ohne besondere Schönheit, sollte aber mit freundschaftlichen Gefühlen angenommen werden.

Heutzutage wird Holz hauptsächlich für dekorative Balken oder vorgefertigte Paneele für Landhäuser und provisorische Gebäude verwendet. Außerdem sind nicht alle Hölzer edel: Tanne und Eiche haben nicht den gleichen Anspruch auf Respekt. Und schließlich muss man bedenken, dass alle edlen Materialien - ob Holz oder Stein - die von den Architekten der verschiedenen Zeitepochen verwendet wurden, durch ihre Herkunft und die Bedingungen, unter denen sie ihrer natürlichen Umgebung entnommen wurden, gekennzeichnet sind.

Eckpfeiler und Neumondholz

Bestimmte Steinbrüche und Wälder waren wundertätige Reservoirs; die Gewinnung eines Steins oder das Fällen eines Baums erfolgten bisweilen unter magischer oder religiöser Aufsicht. Die Grundsteine, die noch heute in vielen gotischen und romanischen Kirchen, Abteien und Kathedralen zu finden sind, wurden von eingeweihten Handwerkern bearbeitet, welche ihrerseits von Geistlichen, die über die notwendigen Geheimnisse und Befugnisse verfügten, kraftvoll "aufgeladen" wurden. Die Strahlung dieser Ecksteine wirkt auf das gesamte Gebäude und kann auch jetzt noch plötzliche, überwältigende Wirkung auf die Seelen derer hervorrufen, die in ihren Einflussbereich kommen.

(Zum Beispiel der "Blitz der Gnade", der Paul Claudel eines Tages in der Kathedrale von Notre Dame in Paris traf.)

Einige Statuen, Galgen und Schiffsfiguren wurden mit magischen Werkzeugen aus dem Holz von Bäumen geschnitzt, die nach magischen Riten gefällt und zuweilen von Meistern ausgewählt wurden. Diese Gegenstände erfüllen ihre Funktion so lange, bis sie durch Feuer zu Asche werden.

In seiner *Histoire de la Flibuste* schreibt Georges Blond, dass die spanische Regierung nach dem großen Brand von New Orleans im Jahr 1794 anordnete, dass alle zerstörten Häuser vollständig aus "verputzten Ziegeln" (dem damals bekanntesten feuchtigkeitsbeständigen Material) wiederaufgebaut werden mussten und für ihr Gebälk nicht irgendein Holz verwendet werden durfte: nur Holz von Zypressen, die bei Vollmond gefällt wurden, war erlaubt. "Es ist zwar ein lächerliches Detail", schreibt Georges Blond, "aber es bleibt eine Tatsache, dass diese Häuser immer noch stehen und sich in gutem Zustand befinden - in einer subtropischen Region, die nicht nur heiß und feucht ist, sondern auch von Wirbelstürmen heimgesucht wird."

Auch die von modernen Architekten verwendeten Materialien können durch den Neumond beeinflusst werden. Er kann sie stärker, aber sicher nicht wohltuend machen: Beton (bewehrt oder nicht) und Schlackenblöcke (diese abscheuliche Mischung aus Schlacke und Zement) sind eine größere Bedrohung für die Menschheit als die Atombombe. Sie bedecken nach und nach die ganze Erde. Ich denke voll Mitleid an die unglücklichen Völker - ob nun entwickelt oder unterentwickelt - für die "sozialer Fortschritt" bedeutet, in diesen abscheulichen Gefängnissen leben zu müssen, welche die Gesundheit des Körpers und das Gleichgewicht der Seele ruinieren.

Die diabolische Idee der französischen Nationalen Kohleagentur

Heute werden "Wohneinheiten" ohne Freude und Kunst aus Materialien gebaut, die ausgewählt wurden, weil sie billig und leicht zu verwenden sind. Ich verurteile kategorisch alle synthetischen Materialien und vorgefertigten Elemente, die es den Bauherren ermöglichen, Häuser wie Pilze aus dem Boden schießen zu lassen.

Menschen, die in Beton- und Betonsteinbauten leben, kompensieren ihr Unglück unbewusst, indem sie sich mit Möbeln und anderen Gegenständen aus natürlichen Materialien umgeben: einem Holztisch, einem Korbsessel, einer Terrakotta-Platte. Manchmal überleben sie nur dank einer Geranie oder eines Veilchenstraußes.

Ich möchte noch einmal Fernand Pouillon zitieren (der ein intelligenter, scharfsinniger und vorausschauender Baumeister ist, den aber leider niemand "eingeweiht" hat): "Innerhalb von zehn Jahren werden Stahl, Aluminium und Kunststoff alle anderen Baumaterialien ersetzt haben."

Mit diesen neuen Materialien müssen die Bauherren die Atmosphäre der Sicherheit schaffen, die für die Bewohner ihrer Gebäude unerlässlich ist.

Vor nicht allzu langer Zeit hatte die französische Kohleagentur die diabolische Idee anlässlich einer Ausstellung ein Haus zu präsentieren, das vollständig aus und mit synthetischen Materialien gebaut und eingerichtet worden war: vom Keller bis zum Dachboden, vom Fundament bis zur Wetterfahne, vom größten Möbelstück bis zum kleinsten Schnickschnack, von der Tür bis zum Katzenklo war alles durch Wunder der Chemie aus Nebenprodukten der Kohle hergestellt worden.

"Es stimmt, dass noch nie jemand darin gelebt hat", sagte der junge Architekt, der mir von diesem ungewöhnlichen Experiment des modernen Wohnens erzählte, "und ich glaube nicht, dass jemand darin hätte leben können. Es ist für Menschen unmöglich, in einem Haus aus synthetischen Materialien zu überleben, ohne Möbel, Geräte oder andere Gegenstände aus natürlichen Materialien. Sie würden innerhalb kürzester Zeit entweder sterben oder wahnsinnig werden. Das Experiment wurde noch nie durchgeführt. Sollte es eines Tages stattfinden, weiß ich, wie das Ergebnis aussehen wird. Ich werde mich sicher nicht freiwillig als eines der Versuchskaninchen melden!"

Das weiche Haus von morgen

Die Abneigung dieses jungen Architekten gegen synthetische Materialien hindert ihn nicht daran, ungewöhnlich kühne Ideen und Ambitionen zu haben. Seiner Ansicht nach muss das ideale Haus von morgen eine Art anpassungsfähiger lebender Organismus sein, der sich je nach den jeweiligen Umständen verändern kann.

"Was wir finden müssen", sagt er, "ist ein architektonisches Äquivalent zu dem, was italienische Dekorateure bei Möbeln erfunden haben: Sie haben es geschafft, einen Sitz herzustellen, der keine eigene Form hat, sondern sich an jede Position anpasst, die der Benutzer einnimmt, sobald er sich darauf setzt oder legt. Es handelt sich um eine Art weichen, amorphen Ledersack, der mit Polyesterkugeln gefüllt ist. Es ist wirklich ein Objekt in den Diensten des menschlichen Körpers, völlig funktional, ohne Stil, Form oder Persönlichkeit. Idealerweise sollten wir einen Weg finden, ein weiches, biegsames Haus zu bauen, das nichts anderes als funktional ist, ganz in den Diensten seiner Bewohner steht, ohne Stil oder Architektur. Es wäre das, was der Mensch daraus macht, nach seinem Geschmack, nach seinem Bild, zu seinem Nutzen!"

Von der Verwirklichung dieses futuristischen Traums sind wir wahrscheinlich noch weit entfernt. In der Zwischenzeit sollten wir versuchen, unser Glück und unsere Sicherheit durch ein Zuhause zu fördern, das nicht nur im herkömmlichen hygienischen Sinne gesund ist, sondern - was noch wichtiger ist - frei von schädlichen Strahlungen und unsichtbaren bösen Einflüssen.

Das Ideal wäre, ein wahres "Mandala" zu errichten, in dem die Bewohner ihre Bestimmung und Persönlichkeit verwirklichen können. Der Philosoph und Psychoanalytiker C. G. Jung hat dies in der Schweiz versucht. Mit Liebe. Trotz jährlicher Änderungen ist es sicher, dass er gescheitert ist. Und warum? Weil dieser große Geist durch den Mangel an Einweihung behindert war.

Doch die Formel ist einfach. Für diejenigen, die sich von dem Abenteuer verführen lassen, nenne ich die vier wesentlichen Elemente eines "Mandalas": ein magischer Schutzkreis, eine Unterteilung in Quadrate, ein zentraler Kern aus weißem Licht, eine Kreisbewegung.

Ein Wort an die Weisen...

Nur für Do-it-Yourselfer

Wenn Sie die besprochenen baulichen Vorkehrungen vernachlässigt haben, könnten Sie die Erfahrung machen, dass Ihr Haus gefährlich oder sogar unbewohnbar ist. Das Gleiche kann Ihnen auch in einer Mietwohnung passieren. Was sollten Sie tun? Zunächst einmal sollten Sie Ruhe bewahren und nicht die Hoffnung verlieren. In der Regel ist es möglich, die Situation mit einfachen Mitteln zu beheben, aber um so effektiv wie möglich zu handeln, sollten Sie zunächst den Ursprung und das Ausmaß der schädlichen Kräfte klären.

Wenn zum Beispiel nur ein Raum Ihres Hauses oder Ihrer Wohnung ernsthaft von schädlicher Strahlung betroffen ist, rate ich Ihnen, einen Schutzkreis um diesen Raum zu errichten. Schlagen Sie Nägel mit isolierenden Stiften in die Wände, etwa einen Meter über dem Boden und in einem Abstand von einem Meter. Der Draht des Stromkreises führt um die Rahmen der Türen und Fenster herum und kehrt dann zu seinem Ausgangspunkt zurück. Vergewissern Sie sich, dass Sie eine Erdung in Richtung des Erdmagnetfeldes anbringen, um die tellurischen Ausstrahlungen zurück in die Erde zu leiten; eine Wasser- oder Gasleitung wird diesen Zweck erfüllen. Achten Sie auch darauf, dass die Leitungen des Stromkreises nicht parallel zu den elektrischen Leitungen verlaufen, da es sonst zu einem Induktionsphänomen kommt, welches die Wirkung des Schutzkreises unterdrückt und die tellurischen Wellen sogar noch schädlicher machen könnte, anstatt sie zu neutralisieren. Ein letzter Punkt: Stellen Sie niemals ein Metallbett weniger als acht Zentimeter vom Stromkreis entfernt auf.

Diese Art von Schutzschaltung kann in einem Haus wirksam eingesetzt werden, welches durch die Strahlung eines nahegelegenen Brunnens oder Baches gestört wird, wie es auf dem Lande häufig vorkommt. Die Bewohner des Hauses stehen dann vor dem Rätsel, woher der schädliche Einfluss kommt, den sie heftig zu spüren bekommen, ohne dass sie seine Quelle entdecken können. Alles scheint gesund und sauber zu sein, die Wände und Böden sind tadellos. Die Schuld liegt beim Wasser: Es transportiert schädliche Wellen, die von Mineralien oder Gesteinen ausgehen, über die es geflossen ist.

In diesem Fall ist nichts einfacher, als einen Schutzkreis um den Brunnen herum zu errichten, etwa einen Fuß über dem Boden - natürlich geerdet. Handelt es sich bei dem Verursacher um einen Bach, der über oder unter der Oberfläche fließt, bauen Sie eine Schutzbarriere aus kleinen Holzpfählen, die in einem Abstand von drei Metern in den Boden getrieben werden und mit einem siebenmal um jeden Pfahl gewickelten Elektrolytkupferdraht verbunden sind. Ein sehr wichtiges Detail: Der Draht muss stromaufwärts geerdet werden.

Schutzvorrichtungen

Diese Schutzschaltungen sind wirksam, aber nur für Menschen mit handwerklicher Begabung zu empfehlen. Andere - die eher Ungeschickten oder Faulen, das große Heer derer, die sich beim Versuch, einen Nagel einzuschlagen, auf den Daumen schlagen - werden Schutzvorrichtungen bevorzugen, die sie nicht selbst herstellen müssen.

Solche Geräte gibt es. Die Entdeckung der schädlichen Strahlen geht auf das Jahr 1929 zurück. Die Experimente der beiden deutschen Wissenschaftler Krintzinger und Gotsche ermöglichten es, die Existenz und die Auswirkungen von elektromagnetischen Feldern festzustellen, die gefährliche Bereiche für die Gesundheit von Lebewesen erzeugen. Diese Entdeckung veranlasste zahlreiche Forscher dazu, eine Art Schutz gegen den neuen Feind zu suchen. Das erste Gerät zur Neutralisierung der "schädlichen Wellen" wurde im September 1931 von einem Benediktinermönch, Pater Wehrmeister, in München erfunden. Es basierte auf dem Prinzip, dass reines Olivenöl undurchlässig für Strahlung ist.

Physiker, Biologen und Ärzte forschten in dieselbe Richtung weiter und versuchten, diese Schutztechnik zu verbessern. Viele Geräte wurden erfunden und mit unterschiedlichem Erfolg getestet.

Es versteht sich von selbst, dass bald Scharlatane in dieses Gebiet eindrangen, in dem es so einfach und profitabel war mit Talismanen zu betrügen, deren einzige Tugend das Vertrauen war, welches leichtgläubige Menschen in sie setzten, "Oszillatoren", "Kreuzsteine", "gesundheitsfördernde Parallelstangen" und andere seltsame Geräte wurden mit lautstarken Werbekampagnen auf den Markt gebracht. Keiner dieser pseudowissenschaftlichen Spielereien ist es je gelungen, eine schädliche Welle zu neutralisieren. Ich erwähne sie nur am Rande, um dem Museum der menschlichen Leichtgläubigkeit ein paar Kuriositäten hinzuzufügen.

Kehren wir zu den ernsten Dingen zurück. Die Bewohner von Krebshäusern, diejenigen, die auf unerklärliche Weise in bösartigen Häusern verkümmern, Schlaflose, Depressive und alle anderen wehrlosen Opfer schädlicher tellurischer oder kosmischer Strahlung dürfen nicht durch trügerische Werbung und Reklame irregeführt werden. Sie haben ein Anrecht auf seriöse Informationen über bestehende Schutzmaßnahmen, von denen einige wirksamer sind als andere. Ich habe versucht, derartige Informationen in diesem Buch zu sammeln und darzustellen.

Unter den seriöseren Vorrichtungen ist die von A. de Bélizal und P. A. Morel erfundene und in ihrem Buch *Physique micro-vibratoire et forces invisibles* beschriebene zu nennen. Ihre Schutztechnik besteht darin, "ein entmagnetisierendes Feld zu erzeugen, welche das vertikale Magnetfeld Z genau kompensiert und die Strahlung des horizontalen elektrischen Feldes H von seinen pathologischen Wirkungen auf lebendige Zellen befreit."

Einfacher ausgedrückt: Es handelt sich um ein rechteckiges Stück geschnitzten Holzes mit erhabenen geometrischen Formen, welche Wellen aussenden, die durch Kompensation in der Lage sind, die schädlichen vertikalen tellurischen Wellen, die in ein Haus eindringen, zu neutralisieren. Unglaublich, aber wahr.

Aufgrund meiner langjährigen Erfahrung auf diesem Gebiet kann ich bestätigen, dass dieses kleine Gerät - welches die unerklärliche Kraft der geheimnisvollen Formwellen nutzt - in Fällen, in denen die schädlichen Einflüsse eine geophysikalische Ursache hatten, immer vollkommen wirksam war.

Ich habe Dutzende von anderen Geräten getestet. Einige sind ehrlich, aber unzureichend, andere sind reine Betrügereien und wieder andere haben positive psychologische Effekte. Keines ist völlig zufriedenstellend. Deshalb übernehme ich beim gegenwärtigen Stand meines Wissens und in dem Bewusstsein, dass es darum geht, die Gesundheit aller unglücklichen Opfer bösartiger Häuser zu schützen und vielleicht sogar ihr Leben zu retten, die Verantwortung dafür, jedem Bewohner eines solchen Hauses diesen Rat zu geben: Ziehen Sie entweder so schnell wie möglich aus oder stellen Sie einen dieser wundersamen Rebalancer in ihr Haus, denn das ist Ihre einzige Chance, gesund zu überleben, ohne in ein anderes Haus umzuziehen. Es gibt wirklich keine anderen Alternativen.

Der einzige Nachteil des Geräts besteht darin, dass es mit großer Präzision im Magnetfeld der Erde platziert werden muss, wenn es zufriedenstellend funktionieren soll. Die Spitzen des positiven gleichschenkligen Dreiecks müssen genau nach dem magnetischen Norden ausgerichtet werden. Sie müssen also wissen, wie man einen Kompass benutzt, wenn Sie den Schutz des Rebalancers nutzen wollen.

Darüber hinaus kann die Ausrichtung je nach Empfindlichkeit und Empfänglichkeit der Hausbewohner und je nachdem, wie stark sie mit schädlichen Strahlen ausgesetzt waren, heikle Probleme aufwerfen.

Jemand, der lange Zeit über einem Bruch kompensierter Kräfte gelebt hat, ist mit der tödlichen negativ-grünen Strahlung und den unausgewogenen Schwingungsfrequenzen, denen er ausgesetzt ist, gesättigt und trägt sie mit sich, wohin er geht. Diese Frequenzen sind immer radioaktiv, so dass der damit durchtränkte Mensch gefährlich wird: Er ist ein lebender, wandelnder Sender schädlicher Wellen. Selbst mit den besten Absichten der Welt kann er seinen Freunden Krankheit und Unglück bringen.

Es ist leicht zu verstehen, warum ein Opfer dieser bösartigen Imprägnierung einen fast unerträglichen Schock erleidet, wenn sein Schwingungsumfeld durch die Wirkung von Formwellen abrupt wieder ins Gleichgewicht gebracht wird. Es ist, als würde ein Tiefseetaucher an die Oberfläche kommen, ohne eine Dekompressionskammer zu durchlaufen. Um ein ähnliches Trauma zu vermeiden, muss man das Gerät so ausrichten, dass ein so genannter "Gleichgewichtswinkel" gefunden wird, der der Gesundheit und der Empfindlichkeit der von der Wirkung des Rebalancers betroffenen Personen entspricht. Es gibt einen Bereich von fünf oder sechs Grad, in dem der beste Winkel gefunden werden kann. Die höchste Intensität wird erreicht, wenn das Gerät genau nach dem magnetischen Norden ausgerichtet ist; je mehr es sich dem geografischen Norden nähert, desto geringer wird die Intensität. Die Ausrichtung muss jedoch mit Fingerspitzengefühl erfolgen, denn wenn die Grenze auch nur um ein Grad in eine der beiden Richtungen überschritten wird, sendet die Form keine Wellen mehr aus und das Gleichgewicht zwischen den beiden Kräften ist nicht mehr hergestellt.

Die Suche nach dem Schuldigen

Die Schutzvorrichtungen und -systeme, die ich gerade beschrieben habe, sollen die schädliche Strahlung neutralisieren, die manche Häuser für ihre Bewohner gefährlich oder sogar tödlich macht. Da es sich jedoch um wissenschaftliche Geräte handelt, haben sie keine Wirkung auf schädliche Kräfte, die durch abstrakte Wellen ohne materielle Quelle und physische Unterstützung verursacht werden. Fälle dieser Art treten häufig auf. Welchen Rat kann man in diesem Fall geben?

Ich erinnere mich an ein SOS, das mir vor kurzem von einem Einwohner einer Stadt im Departement Marne geschickt wurde, der sich selbst leicht wiedererkennen wird, wenn ich verrate, dass seine Telefonnummer mit 56 endet. "Ich wohne in einer Wohnung die Unglück bringt", sagte er mir. "Alle zwei Jahre ereignet sich dort ein schwerer Unfall. Der letzte war vor eineinhalb Jahren. Je näher der Zeitpunkt rückt, desto mehr Angst habe ich. Was soll ich tun?"

"Ziehen Sie unverzüglich aus", antwortete ich.

Das war ein ziemlich feiges Ausweichen, für das ich mich schäme. Aber da ich den Ursprung und die Art des Fluchs, der auf der Wohnung lastete, nicht kannte, habe ich ehrlicherweise keinen anderen Rat geben können. Man hat kein Recht ein Haus zu behandeln, bevor man die Krankheit kennt, an der es leidet. Manchmal ist die Untersuchung schwierig und führt auf seltsame Pfade.

Betrachten wir ein neues Haus, das auf geologisch gesundem Boden gebaut wurde. Seine Mauern sind noch nicht alt genug, um Erinnerungen zu besitzen, doch seine Bewohner sind sich schmerzlich bewusst, dass seine Atmosphäre von einer schädlichen Kraft gestört wird, deren Ursache ihnen unbekannt ist. In welcher Richtung soll man nachforschen, um herauszufinden, woher diese Kraft kommt? Der Schuldige muss unter den großen und kleinen Gegenständen aller Art gesucht werden, die das Haus einrichten oder schmücken - oder in den Materialien seiner Struktur bzw. den Farben in seinem Inneren.

Ich werde hier nichts über "geladene Gegenstände" sagen, denn dieses Thema habe ich bereits in meinem früheren Buch *L'Art et la Science de la Chance* behandelt. Was die Schädlichkeit bestimmter Baumaterialien betrifft, so habe ich die wichtigsten Punkte, die man darüber wissen sollte, zu Beginn dieses Kapitels behandelt. Bleibt noch das Problem der Farben. Der Einfluss, den sie auf das Verhalten und die Gesundheit von Menschen, Tieren und sogar Pflanzen haben können, ist ziemlich gründlich erforscht worden.

Unsichtbare Farben sind am gefährlichsten

Auf praktischer Ebene haben Experimente zu unbestreitbaren Ergebnissen geführt. Es ist inzwischen erwiesen, dass die Milchmenge von Kühen von der Farbe ihres Stalls beeinflusst wird, dass die Produktivität von Arbeitern von der Farbe ihrer Fabrik oder ihres Büros beeinflusst wird, dass die meergrüne Farbe, die häufig in Krankenhauszimmern verwendet wird, eine beruhigende Wirkung hat und den Schlaf fördert und so weiter.

Die Entdeckungen auf diesem Gebiet sind faszinierend, aber ich werde es anderen überlassen, hiervon eine vollständige Liste zu erstellen. Meine Absicht beschränkt sich auf weitaus weniger. Ich möchte die Aufmerksamkeit eher auf die Ursachen als auf die Wirkungen lenken und darauf hinweisen, dass Farben eine elektromagnetische Strahlung aussenden, die sich positiv oder negativ auf Körper und Geist eines Menschen auswirken kann. Ich denke es ist wichtig, Farben unter diesem speziellen Gesichtspunkt zu betrachten.

Um das Thema mit einer Anekdote zu veranschaulichen, die jeder nach seiner eigenen Überzeugung interpretieren kann, zitiere ich die Meldung einer Nachrichtenagentur, wie sie in mehreren Zeitungen veröffentlicht wurde: "Im Bahnhof von Velluire in der Vendée gibt es ein Mysterium. Ein rosa gestrichener Raum bringt selbst die hartgesottensten Eisenbahner zum Weinen. Dieser Bahnhof ist die Endstation der alten Strecke La Rochelle-Niort. Wenn ein Lokführer seine Fahrt beendet hat, stellt er seinen Zug ab und verbringt die Nacht in einem Raum, der als Schlafzimmer eingerichtet ist. Seine Wände sind rosa gestrichen. Sobald jemand das Zimmer betritt, treten ihm Tränen in die Augen. Aber warum? Die Eisenbahner von Velluire hätten gerne den Schlüssel zum Geheimnis des rosa Zimmers.

H. Chrétien, dessen Arbeit ihn zu einer Autorität auf diesem Gebiet gemacht hat, sagt, dass "die induktiven und elektrischen Wirkungen von Farben auf organische Körper beträchtlich und manchmal schädlicher sind als die bösartigsten Mikroben, sollte jemand darauf bestehen, in ihrem Feld zu verbleiben".

Laut Dr. Graff sind Farben zwischen Ultraviolett und Grün schädlich, weil ihre Strahlen die Zellteilung stoppen, während alle Strahlen von Gelb bis Rot und Infrarot eine stimulierende Kraft haben, welche die Vitalität einer Zelle aktiviert.

Alles wäre einfach, wenn wir uns auf die Farben des Regenbogens beschränken würden. Aber neben den sieben sichtbaren Farbschwingungen (Violett, Indigo, Blau, Grün, Gelb, Orange, Rot) umfasst das Spektrum auch fünf unsichtbare (Infrarot, Schwarz, Negativgrün, Weiß, Ultraviolett). Bélizal und Morel schreiben, dass es "im Bereich zwischen Schwarz und Weiß viele weitere Schwingungspunkte gibt, die eine hohe Energie aufweisen. Es handelt sich um eine stark radioaktive Zone, deren Zentrum im negativen Grün liegt, dem exakten Gegenpol zum Grün des Spektrums, dem positiven Grün". Und sie schließen: "Es ist die kürzeste und stärkste Schwingung im Universum."

Ich möchte hinzufügen, dass sie auch die gefährlichste ist. Mit Grün befinden wir uns an der Grenze zwischen Gut und Böse, dem Sichtbaren und dem Unsichtbaren. Sowohl positiv als auch negativ, ist es die geheimnisvollste aller Farben, die einzige, die sich selbst genau entgegengesetzt ist. Auf jeden Fall erschwert sie die

Bemühungen, die Verantwortung den unerklärlichen schädlichen Kräften zuzuweisen, die manche Häuser verseuchen.

Als Hilfestellung für diejenigen, die eine solche detektivische Arbeit betreiben möchten, ist es nützlich Folgendes zu wissen: Die Strahlung der Farben breitet sich im Raum aus und erzeugt eine Ebene von 1,2 Meter langen Wellen; diese Ebene bietet fünf Schwingungsknoten gleicher Länge, was bedeutet, dass das Pendel die Strahlung und Polarität der Farbe, die elektromagnetische Strahlung aussendet, in einer Entfernung von sechs Metern erkennen kann.

Diese Information mag irrelevant erscheinen, aber ich habe sie als eine Art Vorwort zu der Geschichte gedacht, die Sie gleich lesen werden - eine Geschichte, die mir eines Tages von dem Hexer Jacques Rubinstein erzählt wurde. Es geht um sein erfolgreiches Eingreifen im recht merkwürdigen Fall eines "Farbenfluchs". Ich werde ihn nun zu Wort kommen lassen, ohne ihn zu unterbrechen.

Der "Farbenfluch"

"Ein wichtiger Geschäftsmann aus Genf kam eines Tages zu mir in mein Dorf und erzählte mir von seinen Problemen. Er schien stark, energiegeladen und gesund zu sein, doch er sagte, er habe unerträgliche Rückenschmerzen, sobald er sich an seinen Schreibtisch setze. Was ihn besonders verwunderte, war, dass die Schmerzen sofort aufhörten, wenn er sein Büro verließ. Die ärztlichen Untersuchungen hatten nichts ergeben; die Spezialisten, die er konsultiert hatte, hatten ihm gesagt, er sei kerngesund und die Schmerzen, über die er klagte, seien unerklärlich und wahrscheinlich eingebildet. Da die Wissenschaft ihm nicht helfen konnte, griff er natürlich auf die Magie zurück, die ihm schon einige kleine Dienste erwiesen hatte. Das war der Grund, warum er zu mir gekommen war.

"'Können Sie etwas für mich tun?', fragte er.

Ich sagte ihm, dass ich mir zuerst sein Büro ansehen müsse, da die Ursache seiner Schmerzen wahrscheinlich dort zu finden sei. Wir vereinbarten einen Termin und ich fuhr in der folgenden Woche nach Genf.

"Als ich sein Büro betrat, war ich von dessen Komfort und Luxus beeindruckt. Mein erster Eindruck war, dass alles in Ordnung war; nichts hat meine besondere Wahrnehmungsfähigkeit erschüttert. Wenn ich einen Raum betrete, dessen

Atmosphäre durch irgendeine Art von bösem Einfluss gestört ist, werde ich normalerweise sofort von meinen professionellen Sinnen gewarnt. Ich untersuchte das Büro trotzdem sorgfältig nach meiner Standardmethode: Ich bewegte meine offene Hand durch den ganzen Raum und drehte sie in alle Richtungen."

"Als ich an der Wand hinter dem Schreibtisch meines Kunden entlang ging, spürte ich plötzlich etwa einen Meter über dem Boden einen kalten Strom durch meine Hand fließen. Für mich ist das ein Zeichen, dass ich mich in der Nähe der Quelle eines Fluchs oder schädlichen Einflusses befinde. Aber an diesem Ort gab es nichts Verdächtiges: nur ein Bücherregal voller Bücher. Ich grenzte meine Suche ein und stellte fest, dass das Kältegefühl in meiner Hand zunahm, wenn ich mich der Bücherreihe näherte, die sich direkt hinter dem Stuhl meines Kunden befand und zwar genau auf der Höhe seines Rückens, an der er Schmerzen hatte. Ich fragte mich, was sich hinter diesen Büchern verbergen könnte. Ich fragte ihn, ob er sie aus dem Regal nehmen könne.

"'Das sind keine richtigen Bücher', antwortete er lächelnd. 'Das sind nur falsche Buchrücken, um meinen privaten Wandsafe zu verstecken.'

"Er schob das ganze Regal beiseite und ich sah eine Stahltür mit dem Zifferblatt eines Zahlenschlosses und dachte mir, dass ich gleich finden würde, was ich suchte. Im Inneren des Tresors würde sich sicherlich eine Probe irgendeines Materials, ein Barren oder ein bösartiges Objekt befinden, welches die Quelle der schädlichen Strahlung war. Aber ich musste meine Meinung ändern, als mein Kunde den Tresor öffnete und sagte: "Wie Sie sehen können, bewahre ich darin nichts außer etwas Papiergeld und ein paar Dokumenten auf. Das ist alles.'

"Doch meine Hand, die mich nie trügt, fühlte sich vor diesem Tresor kalt an, ob er nun offen oder geschlossen war. Ich musste herausfinden, woher das Problem kam. Ich zerbrach mir vergeblich den Kopf. Dann bemerkte ich, dass das Innere des Tresors seltsamerweise in zwei kontrastierenden Farben gestrichen war: die Rückseite in leuchtendem Grün, die Seiten in Grau.

"Wie lange haben Sie diesen Safe schon? fragte ich.

"Ich habe ihn vor genau sechzehn Monaten installieren lassen.

"'Und wie lange haben Sie schon Ihre Schmerzen?'

"Nun, lassen Sie mich überlegen… Was für ein seltsamer Zufall! Meine Schmerzen begannen, als ich den Safe bekam! Heißt das, er ist die Ursache für die Probleme? Wenn ja, werde ich ihn sofort ausbauen lassen.'

"Das ist nicht nötig. Behalten Sie Ihren Safe. Ein wenig Farbe wird reichen, um ihn unschädlich zu machen. Sie werden schon sehen.'

"Ich bat um einen Pinsel und eine kleine Dose mit weißer Farbe. Mein Kunde gab meine Bitte an seine Sekretärin weiter, die ein wenig verwundert zu sein schien. Zehn Minuten später hatte ich den Pinsel und die Farbe. Ich krempelte die Ärmel hoch, leerte den Tresor und strich das Innere des Tresors vorsichtig weiß.

"Seitdem hat mein Kunde nicht mehr die geringsten Rückenschmerzen. Sein Büro ist für immer gereinigt.

Eine unsichtbare Artillerie

Das Thema der Farben bietet eine sinnvolle Überleitung zu dem schwierigen und umstrittenen Problem der Formwellen.

Alle bisher genannten schädlichen Strahlen können mit wissenschaftlichen Geräten, die auf Mikrovibrationen und Elektromagnetismus reagieren, gemessen und nachgewiesen werden. Sie entsprechen den Gammastrahlen, die den Röntgenstrahlen ähnlich sind. Es ist erwiesen, dass sie umso schädlicher sind, je kürzer ihre Wellenlänge ist und dass sie extrem hart sind. Gerade wegen dieser Härte können sie so leicht in alle lebenden Gewebe eindringen. Bei Menschen und Tieren zerstören sie die roten Blutkörperchen, bei Pflanzen greifen sie den Pflanzensaft an. Sie sind somit für einen fortschreitenden Verfall der menschlichen Rasse verantwortlich. Man kann ohne Übertreibung sagen, dass das Ende der Welt nahe ist, wenn es der Mensch weiterhin versäumt, sich gegen die bösartigen Strahlen, die das Universum durchdringen, zu schützen. Glücklicherweise ist es - wie wir gesehen haben - möglich, einen solchen Schutz mit relativ einfachen Mitteln zu gewährleisten.

Angenommen diese gefährlichen Strahlen haben eine gewisse physikalisch-chemische Plausibilität, so ist es leicht die Menschen von ihrer Existenz zu überzeugen. Da die Idee der Radioaktivität jedem vertraut ist, kann man analog davon ausgehen, dass es kosmische und tellurische Wellen gibt, die schädliche

Auswirkungen auf den Menschen haben. Aber es wird viel schwieriger für mich sein, meine Leser dazu zu bringen mich ernst zu nehmen, wenn ich sage, dass man durch das Zeichnen zweier senkrechter Linien mit einem gemeinsamen Punkt die kürzeste und stärkste Schwingung im Universum erhält, diejenige, die ich bereits im Zusammenhang mit den Farben erwähnt habe: negatives grün.

Diese durch einen rechten Winkel erzeugten Schwingungen sind Formwellen, d. h. Wellen, die, wie der Name schon sagt, durch Formen erzeugt werden.

Wenn diese von symmetrischen geometrischen Formen ausgehen, sind sie günstig für das Gleichgewicht lebender Organismen, aber sie sind ungünstig, wenn sie von unregelmäßigen, nicht kompensierten oder absichtlich kombinierten oder dissoziierten Formen stammen, um bösartige Energie zu projizieren.

Wir sind hier an dem unüberwindbaren Niemandsland angelangt, welches Wissenschaft und Magie voneinander trennt.

Wenn es - wie ich glaube – wahr ist, dass diese Schwingung durch Winkelbrechung entsteht, kann man sich leicht die übermenschliche Kraft vorstellen, die jemand ausüben könnte, der in der Lage wäre, die gewaltige Artillerie der Formwellen, die in einem gewöhnlichen Geometrielehrbuch enthalten ist, zu richten, wohin und wie er will!

Zalnakatar

Hier haben wir sicherlich den Schlüssel zu den Geheimnissen des alten Ägyptens, die Historiker aufgegeben haben zu ergründen. Die ägyptischen Priester müssen diese Formwellen perfekt beherrscht haben; sie waren in der Lage damit Probleme der Technologie, der Regierung, der Telekommunikation, des Transports, der Information und der Verwaltung zu lösen, welche mit allen anderen damals verfügbaren Mitteln unlösbar gewesen wären.

Die Pyramiden sind das herausragendste und kolossalste Beispiel für die Realität der Formwellen. Es ist heute allgemein anerkannt, dass sie zu verschiedenen mehr oder weniger esoterischen religiösen und wissenschaftlichen Zwecken gebaut wurden, z.B. zur Aufbewahrung königlicher Mumien, zur Regulierung des Klimas und zur Messung des Längengrads.

Ich denke dabei insbesondere an eine einzigartige Passage in *Beelzebubs Erzählungen an seinen Enkel* von George I. Gurdjieff, einem Hellseher verlorener Zivilisationen und höheren Eingeweihten. Beelzebub erzählt darin seinem Enkelsohn Hassin über die Pyramiden. Sie sollten, so sagt er, zum einen zur Beobachtung anderer Sonnen und Planeten und zum anderen zur Kontrolle des Wetters dienen und waren von einer Umfriedung aus Pflanzen namens Zalnakatar umgeben.

Der Leser sollte sich dieses Wort merken: zalnakatar. Es wird ihn in die Lage versetzen, viele andere Türen zu öffnen, als die, die er in diesem Buch beinhaltet findet. Ich werde vielleicht in naher Zukunft wieder darauf zu sprechen kommen. In der Zwischenzeit sollten wir zu unseren Mumien zurückkehren.

Legt man ein Stück rohes Fleisch in eine exakte, maßstabsgetreue Nachbildung der Großen Pyramide, so wird es ohne weiteres menschliches Zutun schnell mumifiziert, unabhängig von äußeren Bedingungen wie Temperatur und Feuchtigkeit. Das Experiment wurde Hunderte Male wiederholt und war immer erfolgreich. Es sind die von der Pyramide ausgesandten Formwellen, welche die besondere Eigenschaft haben Fleisch zu mumifizieren.

Eine weitere seltsame Eigenschaft wurde entdeckt: gebrauchte Rasierklingen werden wieder scharf, wenn sie mehrere Stunden in einer Miniaturpyramide liegen.

Viele andere Experimente der gleichen Art wurden durchgeführt. Die Ergebnisse sind so außergewöhnlich, dass es schwer ist, sie als wahr zu akzeptieren.

Vielleicht wäre es besser, nicht an Formwellen zu glauben, denn selbst die mutigsten und vernünftigsten Menschen könnten in Panik geraten, wenn sie sich ihrer unheimlichen Realität bewusstwerden. Aber wie könnten sie ignoriert oder geleugnet werden, wenn ihre Auswirkungen wie die aller anderen Schwingungswellen jeden Tag auf die gleiche Weise zu spüren sind? Sie unterliegen denselben physikalischen Gesetzen der Reflexion, Beugung und Brechung. Wir können daher ihre Ausbreitung, ihr Verhalten und ihre Wechselwirkungen verfolgen, was bedeutet, dass wir eine fast wissenschaftliche Gewissheit ihrer Existenz erlangen können. Beängstigend wird es erst, wenn wir anfangen, uns über ihre möglichen Anwendungen Gedanken zu machen...

Sie erzeugen von sich aus ein Magnetfeld, das je nach seiner Dichte und Interferenzen bösartig oder nützlich ist. Sie können aber auch nur dazu dienen, andere Wellen völlig anderer Herkunft und Natur zu übertragen. In Anlehnung an das grobe Bild eines Bombardements durch Formwellen möchte ich sagen, dass sie entweder die Bombe selbst oder nur der Träger einer anderen Bombe sein können. Es ist leicht, sich die verschiedenen Missionen der Eroberung oder Vergeltung vorzustellen, die mit Hilfe dieser präzisen Waffen durchgeführt werden können, entweder zufällig - wenn ein architektonisches Detail, ein gut oder schlecht platziertes Möbelstück, ein vergessener Schnickschnack oder die Form einer Landschaft ausreicht, um einen Orkan von Formwellen durch ein Haus wehen zu lassen - oder durch den bewussten Willen eines überlegenen Eingeweihten, der einfach durch Öffnung eines Winkels zerstörerische oder nützliche Wellen aussendet, um einen Feind zu vernichten oder einem Freund zu helfen.

Zum Beispiel senden alle scharfen Punkte, gleich welcher Art, Wellen aus, die die von negativem Grün sind. Es sind Trägerwellen, die leicht durch eine Frequenz moduliert werden können. Hass ist eine Frequenz. Wenn jemand mit bösen Absichten mit äußerster Präzision eine Spitze auf einen Feind richtet, kann er bösartige Wellen aussenden, die ihr Ziel mit Sicherheit erreichen. Die Hexer wussten, wie man Formwellen einsetzt, lange bevor Wissenschaftler auf die Idee kamen, dass sie existieren könnten.

Spezialisten für diese Geometrie der Intervention (oder ihrer Abwendung) sagen, dass eine Spirale, die von einer geraden Linie abgeschlossen wird, vorteilhaft ist, dass ein Kreis eine Ausdruckskraft hat, die jeder anderen zweidimensionalen Figur überlegen ist und dass eine Kugel die mächtigste dreidimensionale Figur ist.

Nachdem wir nun einige Grundbegriffe zu diesem Thema kennen, können wir eine kleine Demonstration in Form eines Experiments durchführen, indem wir einige einfache Zahlen interpretieren. Amüsieren wir uns mit der Ernsthaftigkeit und dem Humor, die erwachsenen Kindern zustehen, die durch Mysterien beunruhigt sind und im Dunkeln scherzen, um ihren Mut zu bewahren. Ich beschreibe Ihnen nun einen einfachen und ehrlichen Zaubertrick, mit dem Sie die Wirksamkeit von Formwellen mit wenig Aufwand und Kosten überprüfen können.

Bilden Sie mit Eisen- oder Kupferdraht einen kleinen Kreis, der von einem Stil desselben Metalls diametral gekreuzt wird (Abbildung A). Die von dieser Figur ausgehenden Formwellen sind von Vorteil.

Abbildung A

Die Formwellen dieser Figur sind von Vorteil

Schneidet man den Kreis jedoch in zwei Hälften und platziert die beiden Hälften nach außen gerichtet auf beiden Seiten des Stiels (Abbildung B), so sendet die Figur bösartige Wellen aus.

Abbildung B

Die Formwellen dieser Figur sind bösartig.

Um die Wirkung dieser Wellen zu überprüfen, stellen Sie eine der Figuren in einen Hohlzylinder, der an beiden Enden offen ist, und legen Sie sie abends vor dem Schlafengehen in die Nähe der Stelle, an der ihr Hund schläft. Am nächsten Morgen werden Sie feststellen, dass er völlig übermüdet ist, wenn Sie ihm die Tortur von Abbildung B zugemutet haben oder ausgelassen und berstend von guter Laune, wenn er die Nacht unter dem Einfluss von Abbildung A verbracht hat

Trotz der scheinbaren Beiläufigkeit, mit der ich über es spreche, sollte dieses seltsame kleine Gerät sehr ernst genommen werden. Ich werde meine Gründe dafür darlegen. Sie sind sowohl praktisch als auch theoretisch stark genug, um überzeugend zu sein. Zumindest glaube ich, dass sie das sind. Urteilen Sie selbst.

Zunächst möchte ich darauf hinweisen, dass die Form des in Abbildung A gezeigten Objekts fast die gleiche ist wie der griechische Buchstabe phi: Φ. Phi ist das erste Element in der Formel für die Goldene Zahl, die wie folgt geschrieben wird:

$$\phi = \frac{\sqrt{5} + 1}{2} = 1.618034 \ldots$$

Mathematisch gesehen stammt die Goldene Zahl aus dem Verhältnis zwischen dem Mittelwert und dem Extremwert, welche Pythagoras und Platon so wichtig waren. Sie ist die einzige Zahl, die ihr eigenes Quadrat bildet, wenn man 1 zu ihr addiert. Sie ist eine absolute Zahl, eine "kosmische Invariante", wie es Matila Ghyka ausdrückt.

Wenn wir jedoch über die reine Mathematik hinausgehen und uns in den Bereich der numerischen Symbolik begeben (was Dom Neroman als "subjektive Mathematik" bezeichnete), wird es für uns viel einfacher zu verstehen, wie und warum die Goldene Zahl das Symbol des göttlichen Lebens ist.

Ich muss noch eine weitere Bemerkung machen, und ich werde sie machen, indem ich den gelehrten Mathematiker Theo Koelliker zitiere: "Alles, was das Vorhandensein der Goldenen Zahl im Kosmos betrifft (eine Präsenz, die von den Alten nie bestritten wurde), wurde in der modernen Ära zum ersten Mal durch Beobachtung und daher durch eine im Wesentlichen empirische Methode überprüft, die natürlich nicht notwendigerweise Gewissheit bietet, da eine solche Methode immer riskiert sich auf das zu stützen, was Logiker eine nicht verteilte Mitte nennen. Folglich können ihre Schlussfolgerungen auf einem unfreiwilligen Sophismus beruhen. Aus diesem Grund wurde später versucht, das Vorhandensein der Goldenen Zahl mit Hilfe der Mathematik, genauer gesagt der elementaren Algebra, zu erklären und zu beweisen, da sich aufgrund der merkwürdigen Eigenschaft $\Phi^2 = \Phi + 1$ jede Gleichung, die die Goldene Zahl enthält, stets auf eine Gleichung ersten Grades reduzieren lässt."

Letztendlich sehen wir, dass phi im Repertoire der Symbole für "göttliches Leben, vollkommenes, geistiges Leben, den Regenten der Form" steht.

Es ist daher nicht überraschend, dass die Form dieses Buchstabens, welcher ein so strahlendes und bedeutungsvolles Symbol darstellt, kraftvolle, wohltuende Formwellen aussenden kann, die dann bösartig werden, wenn die Form gebrochen und das Symbol umgekehrt wird.

Wenn dieser seltsame Wellengenerator funktionieren und seine Kraft entfalten soll, muss er richtig eingesetzt werden. Das ist nicht kompliziert, aber erfordert die strikte Beachtung bestimmter Details.

Wenn das Phi getragen wird - als Brosche oder Krawattennadel, am Revers oder Büstenhalter - muss der Stiel immer nach unten zeigen. Wenn es horizontal verwendet wird - auf einem Nachttisch, unter einer Matratze, in einer Schublade - muss der Stiel immer direkt vom magnetischen Norden weg zeigen.

Werden diese Regeln nicht beachtet, wird der Sender bestenfalls nicht mehr funktionieren und unbrauchbar. Es kann aber auch zu unerwarteten Effekten kommen: In einem bestimmten Winkel ausgerichtet, sendet der Stil des phi eine harte und sehr kurze Welle aus, die für jede lebende Zelle, auf die sie trifft, gefährlich sein kann.

Als Beispiel möchte ich das Missgeschick des Empfangschefs eines großen Pariser Hotels anführen. Mit Hilfe dieses "kleinen Geräts, das er mühelos aus einem Elektrokabel hergestellt hatte, konnte er den Schlaf und das nervliche Gleichgewicht wiedererlangen, welches er Jahre zuvor verloren hatte. Als er eines Abends zu Bett ging, warf er das Phi achtlos auf seinen Nachttisch, ohne auf seine Ausrichtung zu achten. Als er am nächsten Morgen aufwachte, hatte er eine Verbrennung ersten Grades auf der Wange und zwar genau an der Stelle, an der der Stiel des Senders die ganze Nacht auf ihn gerichtet gewesen war.

Es ist das Beste das harmlos aussehende kleine Instrument nicht zu unterschätzen. Ob gezähmt oder nicht, seine wirkliche Kraft ist groß.

André Philippe, ein Elektronikingenieur, ist einer der vielen Menschen, die mit dem esoterischen Phi experimentiert haben. Er untersuchte es so, wie er ein Gerät untersucht hätte, welches auf orthodoxen wissenschaftlichen Prinzipien beruht. In seinem Bericht schreibt er:

"Ich konnte feststellen, dass der kreisförmige Teil eine positive Welle und der Stiel eine negative Welle erzeugt. Da ich dieses Experiment auf dem Lande durchführte und mir ein ziemlich großer freier Raum zur Verfügung stand, beschloss ich, die Reichweite des kleinen Generators zu bestimmen. Nachdem ich ihn waagerecht auf einem kleinen Möbelstück platziert hatte, stellte ich fest, dass seine Strahlung genau ausgerichtet war, mit einer Streuung von nicht mehr als zwei oder drei Grad. Dann entfernte ich mich langsam von ihm und stellte mit Erstaunen und Freude fest, dass seine Strahlung in einer Entfernung von achthundert Metern immer noch die gleiche Intensität und Richtung aufwies."

Als gründlicher wissenschaftlicher Forscher wollte André Philippe auch mit der gebrochenen Form, dem offenen Phi, experimentieren, obwohl das magisch verboten ist. Er hat die bösartige Form aus Messingdraht hergestellt und folgendes ist passiert:

"Kaum hatte ich den kleinen offenen Generator fertiggestellt, verspürte ich ein seltsames, sehr unangenehmes Jucken in meinen Beinen. Zuerst dachte ich, das sei nur ein Zufall, und hatte nicht die Absicht das begonnene Experiment abzubrechen. Es dauerte jedoch nicht lange, bis der Juckreiz an meinen Beinen zunahm und unerträglich wurde. Um zu sehen, ob es von dem Experiment herrührte, zerstörte ich den Generator; der Juckreiz begann sofort nachzulassen. Zwei Minuten später war er völlig verschwunden. Das war mir so unangenehm, dass ich nie wieder mit dieser Art von Generator experimentiert habe."

Wenn Sie mir nicht glauben wollen, probieren Sie das Experiment doch selbst aus. Es versteht sich jedoch von selbst, dass es falsch wäre, es an einem Familienmitglied oder gar einem Feind zu versuchen. Sie würden dann allerdings den ersten Schritt auf dem Weg zur Hexerei tun, der Sie schließlich in die Feuer der Inquisition führen könnte!

Das Mysterium der Formwellen

Es ist leicht, die Wirksamkeit der Formwellen zu überprüfen: Orte, die von schädlichen Kräften geophysikalischen Ursprungs heimgesucht werden, können durch die korrekte Platzierung eines Rebalancers, dessen Wirksamkeit ausschließlich auf der Emission von Formwellen beruht, sofort gereinigt werden. Dies ist eine Tatsache, die ich persönlich garantieren kann, weil ich sie mindestens hundertmal überprüft habe. Die zahlreichen und vielfältigen Experimente, die ich mit dem Phi gemacht habe, haben mir auch den Beweis geliefert, dass bestimmte Formen tatsächlich eine Strahlung aussenden. Und schließlich gibt es viele persönliche Erfahrungen, die die Auswirkungen dieser geheimnisvollen Kraft veranschaulichen, welche von einer korrekt ausgerichteten Form oder geometrischen Figur ausgeht.

Wie dem auch sei, wir können immer noch hinterfragen, ob der Begriff "Formwelle" für einen Physiker irgendeine Bedeutung hat.

Wenn wir uns auf eine streng wissenschaftliche Sichtweise beschränken, spielt es wenig oder gar keine Rolle, ob ein Stoff die eine oder andere Form hat, da seine Form keine Auswirkungen auf seine physikalischen, magnetischen oder elektrischen Eigenschaften hat. Auch die Form eines Festkörpers ändert nichts an der Strahlung (soweit vorhanden) seiner Substanz, mit der Einschränkung, dass die gesamte Strahlung eine Funktion der Fläche des Festkörpers ist und seine Form natürlich das Verhältnis zwischen Fläche und Volumen beeinflusst. Dies ist der einzige Effekt, den ein konventionelle Physiker der Form zuschreiben würde.

Gibt es vor diesem Hintergrund wirklich eine rationale Erklärung für das Geheimnis? Welche Antwort kann demjenigen gegeben werden, der das Warum und das Wie verstehen will?

Die Theoretiker des Okkultismus haben versucht, eine Antwort zu geben, aber ihre Erklärung ist zu sehr von Esoterik durchdrungen: Sie setzt eine Einweihung in nicht beweisbare "Wahrheiten" und einen durch und durch irrationalen Spiritualismus voraus, der auf Intuition oder Gefühlsausbrüchen beruht.

Glücklicherweise haben gute Geister - die zwar in wissenschaftlicher Disziplin geschult, aber neugierig darauf sind, das Reich der unsichtbaren Kräfte zu erforschen - begonnen, methodisch in dieser Dunkelheit herum zu tappen und einige der Ergebnisse, die sie kürzlich erzielt haben, eröffnen neue Horizonte.

Ich denke dabei insbesondere an André Mahoux, einen Elektronikingenieur und ehemaligen Studenten und Mitarbeiter von Brady (was ihm wertvolle zusätzliche Qualifikationen verlieh), der sich heute in den Labors von Dr. Graff in Marseille der Forschung in diesem Bereich widmet.

Er ist ein schillernder, erstaunlicher Mann, dessen wissenschaftliche Qualifikationen nicht die einzigen sind, die unser Interesse wecken: Er ist auch ein echter Druide, der berechtigt ist, Misteln mit einer goldenen Sichel zu schneiden; er begleitet sich selbst auf der keltischen Leier und singt mit einer dröhnenden Stimme, die Obelix neidisch machen würde, auf Bretonisch die heiligen Hymnen der alten Gallier und epischen Lieder der Barden. Da er blind ist, haben alle Messgeräte in seinem Labor Anzeigen in Blindenschrift.

In seiner Dunkelheit erhellt seine Vorstellungskraft seine Forschungen und ermöglicht es ihm, Entdeckungsreisen zu Mysterien zu unternehmen.

Seit vielen Monaten führt er Experimente und Messungen - ja, Messungen! - mit Formwellen durch. Seine Ergebnisse haben ihn zu dem Schluss geführt, dass diese Wellen sehr starke Energien ins Spiel bringen. Aber wie kann ein Physiker sie definieren und interpretieren?

Eine fokussierende Wirkung

Die von André Mahoux aufgestellte Hypothese scheint mir (einem Laien, der keine Ahnung von den exakten Wissenschaften hat) recht attraktiv zu sein.

"Ich für meinen Teil", sagt er, "glaube nicht, dass es sich um eine Welle handelt, die allein durch die Tatsache entsteht, dass eine Form so ist, wie sie ist. Stattdessen stimme ich mit dem Ingenieur Claude Vincent überein, wenn er sagt, dass der Begriff 'Formwellen' als Bezeichnung für eine fokussierende Wirkung in Bezug auf bestimmte Strahlungen akzeptiert werden kann. Ob wir es nun mit Maxwellschen Kraftfeldern, Gravitationsfeldern oder anderen Feldern zu tun haben, die wir uns recht gut vorstellen können, noch bevor wir etwas über sie wissen, gibt es fast überall so etwas wie 'wandernde' oder 'wilde' Felder, denen nur die Form bestimmter Objekte eine fokussierende Wirkung verleiht."

Um die Erklärung noch deutlicher zu machen, indem ich sie drastisch vereinfache, möchte ich sagen, dass unzählige Strahlungen, die bereits im Raum existieren, harmlos, unbekannt und nicht nachweisbar sind, solange sie nicht auf eine "Form" treffen, durch die sie hindurchgehen, so wie das Licht durch eine Linse geht und von ihr Stärke und Richtung erhält. Es ist diese Fokussierung, welche Formwellen entstehen lässt.

"Schwarze Flecken" auf Straßen, an denen es häufig zu Autounfällen kommt, sind fast immer besondere Orte, an denen Gravitationsfelder ihre Anziehungskraft durch eine fokussierende "Form" ausdrücken können. Es wird keine unerklärlichen, mörderischen Unfälle an bestimmten "verfluchten" Stellen mehr geben, wenn es jemandem gelingt, die tödliche Formwelle zu neutralisieren, welche die Autos immer wieder in denselben Baum, Pfosten oder Graben zieht.

Konkavität = Gefahr

Die Versuche einer wissenschaftlichen Erklärung von Formwellen, die ich soeben gegeben habe, sind keine billigen Ablenkungsmanöver. Sie sollen meinem Zweck dienen, der darin besteht Menschen zunächst vor den Gefahren zu warnen, denen sie durch bestimmte Formen in ihren Häusern ausgesetzt sein können und sie dann zu beruhigen, indem ich beweise, dass andere Formen sie sicher machen können.

Es ist bemerkenswert, dass jedes *konkave* Objekt - ein Topf, ein Hut usw. - eine schlechte oder sogar bösartige Formwelle ausstrahlt, die man tunlichst meiden sollte. Niemand sollte sich jemals direkt vor eine Konkavität stellen. Ich werde versuchen zu illustrieren, weshalb.

Der erste stammt von André Mahoux. "1931", so erzählte er mir einmal, "war ich ein junger Ingenieur, der für ein großes Unternehmen forschte, welches Flugzeugmotoren herstellte. Ich hatte einen Kollegen, der im gleichen Büro wie ich arbeitete, an einem großen Zeichentisch, direkt unter einem konkaven Lampenschirm etwa einen Meter über seinem Kopf. Er hatte starke Kopfschmerzen, aber kein Arzt konnte eine Ursache für sie finden. Dann wurden aus irgendeinem Grund die Möbel im Büro umgestellt, und er saß nicht mehr direkt unter dem Lampenschirm. Seine Kopfschmerzen hörten sofort auf."

Wie immer werden die Skeptiker sagen, dass es sich um einen Zufall handelte. Aber dieselben Skeptiker werden gut daran tun, sich an die Lektion über Formwellen zu erinnern, wenn sie jemals von einem bösartigen Hund angegriffen werden. Wenn sie einen Bowler Hut tragen oder etwas wie einen alten Topf in Reichweite haben, sollten sie dem angreifenden Hund die konkave Form entgegenhalten, so dass er den Boden sieht; er wird zwar wütend bellen, aber zurückweichen, weil er es nicht wagt, eine Person anzugreifen, die durch die Welle einer konkaven Form geschützt ist.

Ein Hühnerzüchter konnte diesen Effekt einmal verifizieren. Die sprichwörtliche Dummheit von Hühnern ist nicht übertrieben. In diesem Fall hatten sie die schlechte Angewohnheit, sich in einer Ecke des Stalls zu einer kompakten Masse zusammenzudrängen, wo sie in Halbfreiheit lebten; sie bekamen keinen Auslauf, fraßen weniger, pickten ständig aneinander herum und rissen sich die Federn aus. Ihr Gesundheitszustand verschlechterte sich rapide.

Um hier Abhilfe zu schaffen, schlug ein Freund des Hühnerzüchters vor, seine Ideen über Formwellen und deren Auswirkungen anzuwenden. Da er erst vor kurzem in die Materie eingeweiht worden war, wollte er sein neues Wissen an konkreten Problemen ausprobieren. Nachdem er den Auftrag erhalten hatte, bastelte er Halbkugeln aus Papier, die er über Reifen spannte und im Stall so aufhängte, dass ihre Öffnungen nach unten in die Ecke zeigten, in der sich die Hühner immer aneinanderdrückten. Die Wirkung setze augenblicklich ein: Die Hühner verstreuten sich im ganzen Stall, wanderten umher, pickten hier und da und mieden sorgfältig die Ecke, auf die die Papierhalbkugeln gerichtet waren.

"Es scheint wirklich so zu sein", sagte mir Andre Mahoux, "dass jede konkave Form *irgendetwas* ausstrahlt, dessen Wirkung so ist, dass Lebewesen das Bedürfnis haben, sich von ihr zu entfernen und sich sehr unwohl fühlen, wenn sie dazu nicht in der Lage sind".

Zur Veranschaulichung der "abstoßenden" Kraft einer Formwelle, die vom Zentrum einer Konkavität ausgeht, möchte ich ein anschauliches, wenn auch etwas lächerliches Beispiel anführen.

Einer meiner Freunde hat das Glück, mit einer jungen und attraktiven Frau verheiratet zu sein, aber er hat das Pech, sehr eifersüchtig zu sein. Seine überaus hübsche Frau zieht natürlich die Aufmerksamkeit der Männer auf sich und nimmt sie gerne an. Der arme Othello leidet furchtbar darunter und würde am liebsten all ihre eifrigen Verehrer fernhalten. Aber wir befinden uns nicht mehr in der glücklichen Zeit der Kreuzzüge, in der ein edler Herr seinen wertvollsten Schatz in einen Keuschheitsgürtel einschließen konnte, bevor er ins Heilige Land aufbrach. Heute hat die weibliche Tugend keinen anderen Schutz mehr als sich selbst und ein eifersüchtiger Mann weiß nur zu gut, wie brüchig dieser Schutzwall sein kann.

Mein Freund hatte mich wiederholt über die Kraft von Formwellen und insbesondere über die einzigartige Eigenschaft von Konkavitäten sprechen hören. Er hatte die Idee, diese unsichtbare Kraft zu nutzen, um seine Frau vor der Versuchung zu bewahren. Er ließ sich von einem Juwelier einen Ring anfertigen, dessen Fassung eine Art runder Reflektor war. Das Ergebnis war ein Ring in ultramodernem Stil, ein wenig barbarisch, aber dennoch ansprechend. Seine Frau liebte ihn und trug ihn ständig.

Als sie ihn am Finger trug, hielten sich alle Verehrer, selbst die kühnsten und entschlossensten, von ihr fern.

Die Formwelle, die von ihrer Wölbung ausging, stieß sie im wahrsten Sinne des Wortes ab. Sie war immer noch so hübsch wie eh und je und wunderte sich, dass ihre Reize nicht mehr wirkten, fand aber keine Erklärung dafür. Was ihren eifersüchtigen Ehemann anging, so hatte er seinen Seelenfrieden wiedergefunden. Immer wenn er die Stadt verlassen wollte (was er oft tat, da er Vertreter war), musste sie ihm versprechen, den Ring, den er ihr geschenkt hatte, nicht abzunehmen bis er zurückkam. Sie war nicht klug genug, um zu erkennen, dass ihr Ring sie wirksamer an die Keuschheit band, als es ein Gürtel hätte tun können.

Formwellen machen sich nicht nur bei Hühnern bemerkbar. Auch die Telefonisten in Southend, England, scheinen für sie empfänglich gewesen zu sein. Selbst wenn man den britischen Humor berücksichtigt, kann man aus der Geschichte des "Fruchtbarkeitsstuhls", wie sie in den Zeitungen berichtet wurde, eine Lehre ziehen.

In der Telefonvermittlung von Southend stand ein ganz normal aussehender Stuhl mit einem Metallgestell sowie einer Sitzfläche und Rückenlehne aus Kunststoff. Seine ersten drei Besitzerinnen, allesamt junge verheiratete Frauen, wurden in rascher Folge schwanger. Die dritte hatte sogar drei Jahre lang erfolglos versucht, ein Kind zu bekommen.

Aber keine der anderen Frauen im Büro wollte schwanger werden. Als sie sich alle weigerten, auf dem "Fruchtbarkeitsstuhl" Platz zu nehmen, beschloss der Geschäftsführer, ihn in ein Büro zu stellen, das nur von Männern besetzt war. Irgendjemand wies aber vernünftigerweise darauf hin, dass er für Männer noch gefährlicher sein könnte als für Frauen, also wurde er in einen Abstellraum verbannt. Das war eine bessere Lösung, als ihn an einen Spaßvogel zu verkaufen, der ihn womöglich missbraucht hätte.

Wir können über diese wirklich amüsanten Zufälle natürlich lächeln. Aber es wäre interessant, über den Schein hinaus zu blicken und die Formen dieses Stuhls zu untersuchen, um wissenschaftlich festzustellen, ob die Wellen, die sie aussenden - vorausgesetzt, sie senden tatsächlich Wellen aus und es gibt einen Fokussierungseffekt, wie wir ihn vorhin besprochen haben - die Fruchtbarkeit der Eierstöcke einer Frau begünstigen könnten. Oder vielleicht hat der Stuhl einfach eine aphrodisierende Wirkung auf seine Insassen, so dass ihre statistischen Chancen schwanger zu werden stark erhöht werden.

Beeilen wir uns zu lachen, aus Furcht, zittern zu müssen…

Kamingeschichten

Die Suche nach gefährlichen Kräften, die ich durch die Untersuchung von Wänden und Böden betreibe, ist ein Abenteuer voller Überraschungen. Ich lerne aus jeder

Erfahrung eine neue Lektion. Wollte ich jeden einzelnen Fall mit seinen eigenen Merkmalen und Eigenheiten beschreiben, müsste ich ein Buch von der Größe eines Wörterbuchs schreiben. Ich werde mich daher auf zwei Fälle beschränken, in denen die Interaktion von Formwellen in der allgemeinen Schwingungsumgebung eines Hauses und ihre offensichtlichen ökologischen Auswirkungen - die mir während der ersten Phase meiner Pendeluntersuchung verwirrend erschienen waren - klar und sinnvoll wurden, sobald ich die entsprechende fokussierende Form entdeckt hatte.

Das erste Beispiel betrifft das Haus eines Richters. Seine Frau, seine Kinder und seine Bediensteten litten alle an dem, was ich "häusliche Krankheiten" genannt habe, während er selbst bei bester Gesundheit blieb.

Die Pendeluntersuchung bestätigte meinen ersten Eindruck: Das Haus befand sich über einem breiten Riss kompensierter Kräfte. Schädliche vertikale Wellen stiegen aus dem Boden auf und durchdrangen alle Räume - mit einer Ausnahme. Diese Ausnahme war das Arbeitszimmer des Richters, genauer gesagt ein Teil davon: ein scharf abgegrenztes Rechteck, das vom Kamin bis zur Wand auf der anderen Seite des Raumes reichte und in dessen Mitte sich der Schreibtisch und der Stuhl des Richters befanden. Dieser Bereich war völlig gesund, frei von jeder schädlichen tellurischen Strahlung. Ich musste nur noch den Grund für diese abnorme Immunität herausfinden.

Die Ursache war deutlich sichtbar, konkret und offensichtlich: der Kamin. Es handelte sich um einen gewölbten Kamin mit einer ungewöhnlichen Form, aber diese Form war so beschaffen, dass er Wellen ausstrahlte, die stark genug waren, um das Gleichgewicht des schwingenden Umfelds, das durch den Bruch der Kräfte gestört worden war, über die gesamte Länge des Raums wiederherzustellen. So war es nicht verwunderlich, dass der Richter, der jeden Tag lange an seinem Schreibtisch arbeitete, sich weiterhin bester Gesundheit erfreute, während seine Familie dahinsiechte.

In meinem zweiten Beispiel geht es ebenfalls um einen Kamin, allerdings auf genau entgegengesetzte Weise. Ein Ehepaar, das ein großes Landhaus besaß, hatte viele Jahre lang glücklich gelebt, bis zu dem Tag, an dem sie in ihrem Schlafzimmer einen exquisiten italienischen Kamin aus weißem und rosafarbenem Marmor aus dem achtzehnten Jahrhundert aufstellten. Es handelte sich um ein barockes Meisterwerk, das sie in einem Antiquitätengeschäft gefunden hatten und sie hatten sich sofort in ihn verliebt.

Kaum war er in die Wand vor ihrem Bett eingelassen worden, regnete das Unglück so stark auf sie und ihr Haus ein, dass sie aufs Äußerste beunruhigt waren. Sie waren sich vage bewusst, dass ein solch unerbittlicher Angriff des Unglücks eine Ursache haben musste, aber sie waren nicht in der Lage, diese zu entdecken.

Sie riefen mich zu sich, und ich entlarvte ohne zu zögern die Bombe des Unglücks, die sie in ihr Schlafzimmer gebracht hatten: den wunderbaren barocken Kamin, dessen Formen bösartige Wellen abgaben, welche die Gesundheit des Paares angriffen, welches ihnen die ganze Nacht über im Schlaf ausgesetzt war. Sie wurden mit negativ-grüner Strahlung durchtränkt, die sowohl für ihr Glück als auch für ihre Gesundheit gefährlich war.

Nachdem der Kamin ausgebaut und an den Antiquitätenhändler zurückgeschickt worden war, gab es keine Probleme mehr; das Schicksal nahm wieder seinen normalen Lauf, was für diese beiden privilegierten Menschen Frieden und Glück bedeutete.

Das Wunder der Pyramiden

Das spektakulärste Beispiel für die Wirkung von Formwellen sind die erstaunlichen Eigenschaften von Pyramiden. Nach fast einhelliger Meinung der Ägyptologen ist die Erhaltung der pharaonischen Mumien weitgehend auf die besondere Form der Pyramiden zurückzuführen, in die sie vor Tausenden von Jahren eingesetzt wurden. Dies ist eines der Wunder, die Formwellen bewirken können.

Hören wir Dimitri Mereschkovski zu, der die Geheimnisse Ägyptens so gut geschildert hat: "Die Wissenschaftler, die 1881 in Deir al-Bahri, in der Nähe von Theben, Ausgrabungen durchführten, fanden die unversehrten Körper der Könige Thutmosis, Ramses und Amenhotep. Naspero erzählt, wie er einige der Mumien auspackte; ihre Körper waren fast weich. Dieser Fund erschien so wundersam, dass niemand ihn glauben wollte. Im Grab von Izinrhebe, einer Königin der zwanzigsten Dynastie, fand man Früchte vom Totenmahl; sie waren so frisch, dass die Datteln noch die Abdrücke der Finger trugen, die sie berührt hatten."

Was ist eine Pyramide für den Physiker, den Mathematiker und den Geometer? Sie ist ein Polyeder mit vier dreieckigen Flächen und einer quadratischen Grundfläche.

Mereschkovski gibt eine poetischere, aber nicht weniger präzise Definition: "In den Pyramiden, die sich aus der Erde erheben und in denen sich perfekte Dreiecke an einem Punkt des Himmels treffen - sowohl in den Pyramiden im Niltal als auch in ihren Nachbildungen in kleinem Maßstab - geschehen Dinge, die nur durch die Wirkung einzigartiger und mächtiger Formwellen erklärt werden können. Zum Beispiel verrottet organische Materie in ihnen nicht; sie scheint unfähig gemacht zu werden, eine zersetzende chemische Verbindung einzugehen. Fleisch härtet aus, anstatt zu verrotten; Eiklar kristallisiert, anstatt sich zu zersetzen."

Dieses Mumifizierungsphänomen tritt an einer bestimmten Stelle der Pyramide auf, die sich ungefähr in ihrem Gravitätsschwerpunkt befinden soll. André Mahoux zufolge ist das Phänomen mit ziemlicher Sicherheit elektrischer Natur.

"Alle Beobachtungen, die ich im Inneren von Pyramiden gemacht habe", sagte er mir, "zeigen, dass es ein hochgradig lokalisiertes elektrostatisches Feld gibt, etwa auf einem Drittel der Linie von der Basis bis zur Spitze."

Daraus lässt sich ableiten, dass das Kraftfeld durch die fokussierende Wirkung der Pyramidenform wirksam werden muss.

Unbekannte Kraftfelder sind verfügbar

Selbst eine flüchtige Untersuchung des noch schattenhaften Reichs der Formwellen reicht aus sicherzustellen, dass Kraftfelder mit großer Amplitude, welche die stärksten Felder, die in unserer Zeit erzeugt werden können übertreffen, um uns herum existieren und in gewissem Maße verfügbar sind, bereit, von jedem genutzt zu werden, der lernt, wie man sie nutzt - entweder durch die Erfindung einer Methode oder durch die Wiederentdeckung der Geheimnisse einer Technologie, die vor Jahrtausenden verloren gegangen ist.

Abschließend denke ich, dass wir die zaghafte Hoffnung unseres Elektronikingenieurs als gültig anerkennen müssen, der sagt: "Diese Felder weisen untereinander erratische Vektoren auf, so wie das von einem Gas zerstreute Licht im Allgemeinen nicht kohärent ist. Wenn alle oder ein Teil der Felder an einem Punkt des Raumes kohärent gemacht würden, würden große Mengen an Energie verfügbar gemacht. Der Bereich der physikalischen Untersuchungen würde dadurch in einem Ausmaß erweitert, dessen Grenzen man sich nur schwer vorstellen kann."

Dem kann ich nur hinzufügen: So sei es!

Die Einrichtungen der Religion

Wenn ein Haus durch tragische oder schmerzhafte Erinnerungen gestört wird, die von seinen Wänden widerhallen oder durch einen Fluch, der von einer böswilligen Person auf das Haus gelegt wurde oder den "bösen Blick" eines seiner Bewohner, erweisen sich Geräte, die gegen kosmische oder tellurische Strahlung wirksam sind, als wenig hilfreich, um die Atmosphäre zu reinigen. Die Lösung des Problems muss dann in einem eher esoterischen Bereich gesucht werden.

Ich übergehe die traditionellen Mittel, die jeder kennt oder erfindet, je nach dem Aberglauben, dem er anhängt; ich befasse mich hier nur mit den unvergleichlichen Möglichkeiten, die die Religion - durch ihre Zeremonien, Gebete, Exorzismen und Sakramente - bietet, um ein Haus zu reinigen und vor schädlichen Einflüssen zu schützen.

Sobald der leiseste Verdacht besteht, dass der Teufel in einen bösen Zauber verwickelt ist, sollte man nicht zögern, jemanden zu rufen, dessen heiliges Amt ihm Autorität über Dämonen verleiht. Wenn ein Priester mit Glauben und Entschlossenheit handelt, wird sein Eingreifen ausschlaggebend sein.

Leider haben die neuen Priester von heute den Sinn für das Heilige verloren; sie würden sich schämen, wenn jemand eine Ähnlichkeit zwischen ihnen und den Zauberpriestern der animistischen Religionen erkennen würde. Sie akzeptieren die harte Aufgabe des Kämpfers und des Missionars, lehnen aber die Ehre ab, als Vermittler zwischen zwei Welten zu dienen, als Händler von Mysterien und Wirker alltäglicher Wunder. Für sie ist Gott nicht mehr der Herr der Heerscharen, sondern der Punkt Omega, der große Terminus. Sie glauben nicht mehr an Gebete, die Regen bringen, an gesegnete Zweige, die Unglück abwehren, an Weihrauch, der Dämonen vertreibt, an den Wert von Riten, an die Wirksamkeit des Heiligen gegenüber dem Profanen; sie glauben nicht mehr an die Kräfte, die sie haben und halten es für lächerlich, so zu tun, als würden sie sie nutzen.

Ich hatte mehrere Gelegenheiten, die Unzulänglichkeit dieser neuen Priester zu beobachten. Einer von ihnen reagierte mit selbstgefälliger Ironie, als eine Frau aus seiner Gemeinde ihn bat, ein Gebäude zu heilen, das offensichtlich unter einem bösen Einfluss litt, konnte ihr aber letztendlich die Hilfe seines geistlichen Amtes nicht verweigern. Er ging mit Stola, Brevier, Weihwasser und Weihrauch zu dem Gebäude, das ihr gehörte. Er eilte durch die Zeremonie und lachte innerlich über die Naivität dieser abergläubischen alten Frau. Trotz seiner Skepsis und seines Leichtsinns war das Heilmittel überall dort wirksam, wo es richtig angewendet wurde, was bedeutete, dass das Gebäude überall gereinigt wurde, außer in den Schränken, Vorratskammern und Badezimmern, die der junge Priester zu betreten als nicht notwendig erachtete; auch die Türschwelle blieb unter einem schädlichen Einfluss, da er sie vor Beginn seiner eiligen Zeremonie überschritten hatte.

Das Gebäude stand an der Stelle eines ehemaligen Beinhauses. Historisch gesehen war der Ort wegen all der Sünden und Verbrechen, die dort begangen worden waren, verflucht. Moderne Immobilienentwickler kümmern sich nicht um solche Dinge: an dieser Stelle wurde also ein kleines Apartmenthaus gebaut. Die Mieter aller acht Wohnungen wurden bald von Unglücksfällen oder Krankheiten heimgesucht. Die klügsten von ihnen flohen kurzerhand, die anderen waren vom Unglück wie benommen. An diesem Punkt rief die Besitzerin den Pfarrer ihrer Gemeinde um Hilfe an.

Er machte den Fehler seine Aufgabe nicht ernst zu nehmen. Das Übel wurde zwar reduziert, aber nicht vollständig beseitigt. Das Ergebnis: In den fünf Wohnungen, die weiterhin bewohnt wurden, gab es in einem Jahr drei Todesfälle durch Krankheit, zwei gewaltsame Unfälle, den Selbstmord eines vierzehnjährigen Jungen, zwei Scheidungen und zwei Gefängnisstrafen. Und wer kann schon sagen, wie viele andere Unglücksfälle unbekannt blieben?

Nachdem ich ein solches Beispiel gesehen habe, glaube ich, dass es besser ist, sich an eingeweihte Laien zu wenden als an Geistliche, die sich ihrer heiligen Mission nicht bewusst sind. Die Initiation verschafft ihnen Zugang zum Herzen des Bösen. Sie wissen, welche Gebete zur Unterstützung der Beschwörungen und des Räucherns verwendet werden sollten. Wenn sie ehrlich und uneigennützig sind (was manchmal vorkommt), können diese Hexer mit überraschender Leichtigkeit und einer Autorität, die der eines halbherzigen Geistlichen überlegen ist, über okkulte Kräfte triumphieren.

Nachdem ich den obigen Vorbehalt eingeräumt habe, muss ich sagen, dass ich es ziemlich nachvollziehbar finde, wenn ernsthafte und gar skeptische Geister über die traditionellen Heilmittel, Zeremonien und Riten hinausgehen wollen, für die die Hilfe eines Geistlichen oder Hexers erforderlich ist. Es ist nur natürlich, dass es ein gebildeter, zivilisierter, moderner Mensch vorzieht, alle Probleme, die er mit seinem Haus hat, auch mit eigenen Mitteln lösen zu wollen.

Und er kann es tun, wenn er ein bestimmtes, scheinbar absurdes Verfahren, welches von den seriösesten Meistern talismanischen Wissens empfohlen wird, beharrlich durchführt. Es wird ihm ermöglichen, nicht nur die verderblichen, anarchistischen Einflüsse zu kontrollieren, die ein Haus verwüsten können, sondern auch alle anderen Kräfte, die das tägliche Leben beeinflussen.

Wer sich diese Art von Macht aneignen will, kann sich ohne Angst vor Enttäuschung eine kleine absolute Waffe schmieden, die sowohl zum Guten als auch zum Bösen eingesetzt werden kann. Es handelt sich also um eine schreckliche Waffe, die jedoch glücklicherweise durch das "Bumerang"-Gesetz der Kompensation gemildert wird: Wer diese Macht missbraucht, wird viel mehr verlieren, als er gewinnt.

Es ist nun an der Zeit, die Natur dieses Verfahrens zu erklären, dessen Wirksamkeit garantiert ist. Wir haben den heiklen Moment erreicht, in dem Märchen wahr werden, in dem sich der Kürbis wirklich in einen Rolls-Royce verwandelt. Ich schreibe für vernünftige Erwachsene, nicht für Kinder, denen es an kritischem Verstand mangelt und ich verspreche, dass jeder, der das von mir beschriebene Verfahren gewissenhaft befolgt, Einfluss und Macht über träge Materie, Lebewesen und Ereignisse in einem Ausmaß erlangen wird, wie er es sich nur vom Zauberstab seiner Kindheitsträume erhoffen konnte.

Hier sind die Anweisungen: Nehmen Sie einen Kieselstein von einer Wiese oder einem Strand - jeder kleine Stein genügt -, nehmen Sie ihn mit nach Hause und legen Sie ihn auf das oberste Regal eines Schranks, auf die Spitze eines Schranks oder an einen anderen Ort, an dem er relativ schwer zu erreichen ist. Dann wachen Sie jeden Abend zu einer Stunde auf, in der Sie normalerweise fest schlafen, stehen aus dem Bett auf und vollziehen diese unentgeltliche, lächerliche Handlung: Drehen Sie den Kieselstein einmal um, ohne Schroffheit oder schlecht gelaunt zu sein und bemühen Sie sich nachdrücklich, den Verdienst der Mühe, die Sie auf sich genommen haben, indem Sie mitten in der Nacht aufgestanden sind, nur um ihn zu berühren, auf ihn zu übertragen.

Sie müssen dies an 365 aufeinanderfolgenden Nächten ohne eine einzige Unterbrechung - aus welchem Grund auch immer - tun. Am Ende dieser Zeit werden Sie einen Kieselstein besitzen, der mit ungeheurer Kraft ausgestattet ist. Wenn man die Energie, mit der er aufgeladen ist, geschickt lenkt, kann man jedes Vorhaben gelingen lassen, auf jeden in beliebiger Entfernung einwirken und Menschen und Ereignisse kontrollieren. Ihr magischer Stein wird in der Lage sein, Ihr Haus von jeder schädlichen Strahlung zu reinigen, ein Dornröschen zu Ihrem Vorteil zu erwecken, Ihr Auto mit Siebenmeilenreifen auszustatten, Ali Babas Höhle zu öffnen oder Ihnen das Gewinnlos in einer Lotterie zu verschaffen.

Sagen Sie nicht: "Das ist unmöglich", lächeln Sie nicht und zucken Sie nicht mit den Schultern. Beginnen Sie stattdessen heute Abend mit dem Experiment. In einem Jahr werden Sie die Macht über eine immaterielle Kraft haben, die kein Äquivalent oder Präzedenzfall hat. Es ist eine Wette wie die von Pascal: Wie können Sie es sich leisten, sie nicht anzunehmen, wenn Sie so viel gewinnen können?

Kapitel VII

DER GEIST IST UNSCHULDIG

In den Tiefen des Waldes stach Phaedra nachdenklich mit ihrer Haarnadel in die Blätter einer Myrte.

Victor Hugo

Ich habe in diesem Buch nichts geschrieben, was ich nicht zuvor im Gespräch mit Freunden und Informanten erörtert habe. Mit dem Austausch von Informationen, Argumenten, Geheimnissen und Einwänden schwankt das Denken zwischen einem "Nein" und einem "Vielleicht", und schließlich verfestigt sich die Überzeugung immer mehr.

Es gibt nichts Systematisches oder Vorsätzliches an dieser Art von Untersuchung. Ich habe immer als Kundschafter gehandelt, dessen Aufgabe in der Kavallerie (in der ich einmal die Ehre hatte, zu dienen) in zwei Worten zusammengefasst werden kann: sehen und berichten.

Zuerst sah ich. Ich stellte fest, dass einige Häuser - und zwar viele - einen starken, direkten Einfluss auf die Gesundheit, die Moral, das Glück und die Zufriedenheit ihrer Bewohner haben. Dann suchte ich nach vernünftigen Erklärungen für dieses überraschende Phänomen. Wie und warum können leblose Materialien, die mit oder ohne Kunst an einem bestimmten Ort zusammengefügt wurden, eine so starke Wirkung auf das Verhalten und die Entwicklung von Lebewesen haben?

Wissenschaft und Magie (jede nach ihren eigenen Methoden), Empiriker, Okkultisten, Physiker, Hexer, Architekten, Biologen und magnetische Heiler haben alle dazu beigetragen, dieses Geheimnis von Häusern für mich zu lüften.

Schließlich bin ich zu der in diesem Buch dargelegten Schlussfolgerung gelangt, dass die Gesundheit eines Hauses, d. h. seine Unbedenklichkeit für seine Bewohner, von seinem Standort, den Materialien, aus denen es gebaut ist, und den Erinnerungen abhängt, die in seinen Wänden gespeichert sind. Diese drei Punkte habe ich in den vorangegangenen Kapiteln ausführlich erörtert.

Es gibt noch einen vierten Punkt, zu dem ich mich äußern muss, so gerne ich es auch vermeiden möchte: das Problem der Spukhäuser.

Wenn wir einander verstehen wollen, müssen wir uns zunächst über die Bedeutung der Worte verständigen. Von wem oder was heimgesucht? Von Geistern?

Auf Bewährung entlassene Häftlinge des Jenseits

Als Dichter und Liebhaber des Phantastischen habe ich eine Vorliebe für Gespenster. Leider existieren sie nicht. Wie Filmstars werden sie unter bestimmten Umständen und an bestimmten Orten gesehen, aber das ist nur eine Illusion. Die Garbos und die Bardots leben wirklich irgendwo, aber in einer anderen Welt als der von Normalsterblichen. Wir kennen nur ihre Bilder auf einem flachen Bildschirm; ihre Kurven sind für uns leider nicht greifbar. Aber die Illusion ist so perfekt, dass sie sowohl das Herz als auch die Phantasie täuscht. Wir sehen auch Geister, die vor unseren Augen agieren und sich so verhalten, als ob sie eine reale Existenz hätten, während sie in Wirklichkeit auf Bewährung entlassene Gefangene eines Jenseits sind, aus dem nur Bilder entkommen können. In einem abgedunkelten Kino oder einem Spukschloss geschieht das gleiche wissenschaftlich erklärbare Wunder: das Wunder der bewegten Bilder.

Die Geister, die in manchen Häusern spuken, sind nur Projektionen von Erinnerungen, die in den Wänden gespeichert sind. Die ehrlichen Zeugen, die sie gesehen haben, hatten keine beunruhigende Begegnungen mit dem Jenseits; sie haben lediglich einen Film gesehen, dessen reale Handlung einst an demselben Ort stattfand wie seine Projektion. Das erklärt, warum Gespenster immer ausschließlich an ein bestimmtes Haus gebunden sind. Ein Gespenst verlässt nie sein Haus, wird nie woanders gesehen; es kann nur in seiner ursprünglichen Umgebung auf der Bühne seines eigenen Theaters erscheinen.

Wenn ein solcher Film regelmäßig in einem Haus projiziert wird, ist er dann in der Lage, die schwingungsmäßige Atmosphäre eines "normalen" Hauses zu stören? Ich glaube nicht. Auf jeden Fall gibt es nichts, was mit den schädlichen abstrakten oder konkreten Wellen vergleichbar wäre, die den Körper, die Sensibilität und den Geist eines Menschen so verheerend angreifen können.

Wir dürfen Geister nicht mit Erscheinungen verwechseln. Erstere sind nur bewegte Bilder. Letztere sind eine Realität; sie existieren unabhängig von einer Erinnerung, einem vergangenen Ereignis oder einer Umgebung. Ob sie nun von Gott oder vom Teufel kommen, sie sind in der Lage, die Atmosphäre des Hauses, in dem sie auftreten, zu stören und das Schicksal seiner Bewohner zu verändern.

Glücklicherweise sind diese Erscheinungen eher selten. Die Häuser, in denen sie auftreten, sind Sanktuarien, genau wie die Häuser, deren Eigenschaften wir in einem früheren Kapitel untersucht haben. Da wir bereits gesehen haben, dass diese Orte entweder gefährlich oder nützlich sind, je nachdem, ob ihre Weihe wohlwollend oder bösartig war, verlasse ich dieses Thema und kehre zu den traditionellen Gespenstern zurück, die seit jeher die Phantasie so vieler Menschen beflügeln.

Ein fotogenes Gespenst

Geisterjäger kommen nicht immer mit leeren Händen zurück. Einem Engländer namens H. Price gelang zum Beispiel einmal ein außergewöhnlicher Glücksstreffer, ohne dass er sich dessen damals bewusst war. Als er 1934 ein Londoner Haus untersuchte, in dem es angeblich spukte, fotografierte er die Bibliothek, in der das Gespenst angeblich häufiger als anderswo gesehen wurde. Er war allein in dem Raum, als er das Bild aufnahm, aber als es entwickelt wurde, zeigte es die Anwesenheit eines Herrn, der in einem Sessel saß und eine Zeitung las. Es handelte sich um den ehemaligen Besitzer des Hauses, der vor einigen Jahren gestorben war. Das Gespenst war nur nachts erschienen; bei Tageslicht war es offensichtlich für menschliche Augen unsichtbar, nicht aber für das Objektiv einer Kamera.

Es ist sicher, dass es sich nicht um eine Täuschung oder einen Trick handelte. Price war ehrlich und er war nicht naiv. Wenn ihm jemand einen Streich gespielt hätte, hätte er es bemerkt und lustig genug gefunden, um darüber zu lachen. Wir müssen daher die Tatsache akzeptieren, dass er das scheinbar unmögliche Kunststück vollbracht hat, einen Geist zu fotografieren.

Ist es angesichts solcher Beweise noch möglich, die Existenz von Geistern zu leugnen? Ja, leider, und ich werde versuchen, in wenigen Worten zu erklären, warum.

Der Geist, der sich von einer Kamera einfangen ließ, war keine Erscheinung aus dem Jenseits. Er war schon vor dem Tod des Eigentümers im Haus gewesen. Zu Lebzeiten war er vom Gedächtnis der Wände registriert worden; nach seinem Tod erinnerten sie sich an ihn, wenn die notwendigen Bedingungen erfüllt waren. Price glaubte, er habe ein Foto von einem Geist gemacht, obwohl es sich nur um ein Foto von einem Foto handelte.

Diese Theorie erscheint mir schon lange attraktiv und überzeugend. Aufgrund dieser Theorie stellen Spukhäuser für mich kein Problem mehr dar. Der Geist ist unschuldig, die Verantwortung muss woanders liegen. Die Phänomene von Spukhäusern - mysteriöse Geräusche, Klopfen an den Wänden, sich verschiebende Möbel, herabfallende Gegenstände - haben fast immer eine natürliche Ursache, die schließlich entdeckt wird. Andernfalls muss der Teufel beschuldigt werden. Er ist leicht zu erkennen: Er hat seine ganz eigene Art, in einem Haus "die Hölle heiß zu machen". Auf jeden Fall dürfen störende Dämonen nicht mit den ehrlichen Geistern verwechselt werden, die die Wächter und den Charme alter Häuser ausmachen.

Ein Film, der ohne Leinwand sichtbar ist

Vielleicht wäre es gut, ein paar technische Erklärungen darüber zu geben, wie Geister erscheinen; den Prozess, der zur "Entwicklung" dieser alten Bilder führt, die in einem subtilen Äther konserviert werden, so wie Töne in den Rillen einer Schallplatte konserviert werden, um durch die Reibung einer Nadel hörbar gemacht zu werden. Aber wer könnte eine klare, wissenschaftlich akzeptable Erklärung für ein solches Wunder geben? Ich nicht.

Ich kann nur versuchen, eine verständliche Darstellung meiner Hypothese zu diesem Thema zu geben. Jeder Leser mag so viel davon annehmen, wie ihm überzeugend erscheint.

Jedes Lebewesen ist mit einer Strahlung ausgestattet, deren Intensität von seiner Persönlichkeit und dem Eifer abhängt, mit dem es bestimmte Handlungen ausführt. Da wir in einer geschlossenen Welt leben, geht diese Strahlung nie verloren: Sie wird von unserer Umgebung absorbiert oder reflektiert und schließlich in den geheimnisvollen Äther eingeschrieben, der wie ein Netz die Atmosphäre umschließt, in der wir eingeschlossen sind.

Es ist genau so, als wäre jede unserer Handlungen eine Fotografie auf einem unsichtbaren, ungreifbaren Film. Unter bestimmten Bedingungen und durch die Einwirkung bestimmter physikalischer oder chemischer Stoffe kann diese Fotografie kurzzeitig "entwickelt" werden; wir sehen dann einen Toten auf dem immateriellen Bildschirm der vierten Dimension erscheinen, der Handlungen zeigt, die er zu Lebzeiten vollzogen hat.

Die Erscheinung eines Geistes ist nichts anderes als die Projektion eines Films auf die zweidimensionale Leinwand dessen, was ich unseren zweiten Äther nenne. Alle Bilder bleiben in unterschiedlicher Tiefe in unserer Atmosphäre gespeichert. Wenn wir einen Weg finden könnten, sie nach Belieben zu "entwickeln", könnten wir zum Beispiel die Hinrichtung von Maria Stuart oder die Schlacht von Waterloo miterleben.

Diese Hypothese, die ich seit langem vertrete, scheint mir allerdings nach meinem jüngsten Aufenthalt in Montfort-sur-Argens, der alten Templerkommende, die ich in Kapitel V unter der Überschrift "Noch ausstehende *Untersuchungen*" kurz besprochen habe, nicht mehr völlig zufriedenstellend.

Der Besitzer des Schlosses, Gérard Couette, gehört nicht zu den reichen, dummen und wohlmeinenden Kunstmäzenen, für welche die Rettung alter Gebäude eine Art kulturelle Modeerscheinung ist. Er ist Archäologe, aber er hat die Eigenart, dass er sich mehr für die Seelen der alten Bauwerke als für ihre Körper interessiert. Indem er die Mauern der Komturei abkratzte und heilte, brachte er ihr Gedächtnis zum Sprechen und die Entdeckungen, die er auf diese Weise machte, sind ebenso erschreckend wie tief bewegend.

Die Geschichte der Burg ist reich an Ereignissen, Geheimnissen, Mystik und Gewalt. Nach der Exkommunikation und Verbrennung der Tempelritter war sie mehrere Jahrhunderte lang im Besitz der Malteserritter. Während der Französischen Revolution wurde sie von der Bevölkerung besudelt. Sie wurde zu einem Gefängnis umgebaut und diente als Vorzimmer des Todes für Aristokraten, Priester, unschuldig Verdächtige und andere Opfer der Schreckensherrschaft. Während dieser Zeit spielten sich in allen Stockwerken der Komturei, von der

Krypta bis zu den Türmen, Szenen der Folter und der Ausschweifung ab, in denselben Räumen, in denen wahrscheinlich alchemistische Experimente, Zeremonien der hohen Magie, Einweihungen von Rittern und vielleicht sogar Gespräche mit Gott stattgefunden haben. Wenn Mauern beginnen, das Gelernte zu rezitieren, können Erinnerungen wie die der Komturei eine explosive Mischung bilden. Davon konnte ich mich während meines Aufenthalts in Montfort überzeugen.

Im Occultum von Montfort

Nach der Schändung durch die Revolution wurde das edle Gebäude aufgegeben. Es begann mit all seinen Geheimnissen und Erinnerungen zu verfallen und dieser Prozess setzte sich fort, bis Gérard Couette (nur unter großen Schwierigkeiten) sein Besitzer wurde.

Seitdem restauriert er es auf intelligente und respektvolle Weise. Es hat sein Dach und seine Würde wiedererlangt; seine Türme sind wieder bedacht, seine äußeren Wunden sind verheilt und seine Fenster keine klaffenden Löcher mehr. Die schöne, flachgesichtige Komturei schaut nun wieder auf ihr Dorf und ihren Fluss hinab und wacht über das obere Tal der Argens.

Ein weiteres historisches Denkmal ist gerettet worden. Umso besser! Aber einen anderen, viel wichtigeren und geheimen Sieg errang der Eigentümer während seines Kampfes gegen die Zeit und den Verfall der Steine: Es gelang ihm, in den dicken Mauern, die von kriegerischen Mönchen kunstvoll ausgehöhlt wurden, geheimnisvolle Räume, verborgene Treppen und geheime Gänge zu finden. Einer dieser Gänge führt zu einem kleinen Raum ohne Fenster und Türen mit einer gewölbten Decke und einem dunklen, rot gefliesten Boden. Man kann ihn jetzt aus von der Krypta aus durch die Öffnung erreichen, die Gérard Couette bei der Entdeckung des unbekannten *Okkultums* geschaffen hat. Wahrscheinlich war er seit mehreren Jahrhunderten nicht mehr benutzt worden und es hatte sich dort eine gewaltige Menge von Abraum angesammelt.

Nirgendwo sonst auf der Welt habe ich einen Ort gefunden, an dem man sich so heftig von unsichtbaren, unbekannten, widersprüchlichen, zwingenden, aufwühlenden, aus dem Gleichgewicht bringenden und dissoziierenden Kräften angegriffen fühlt. Ein normaler Mensch verliert schnell zuerst seinen

Orientierungs- und Gleichgewichtssinn, dann seine Vorstellung von Zeit und schließlich seine psychische Ganzheit.

Ich hatte nicht den Mut, die Erfahrung sehr lange fortzusetzen, aber so kurz sie auch war, nie in meinem Leben habe ich ein so seltsames, quälendes und doch aufregendes Gefühl erlebt wie das, welches mir der Aufenthalt im Okkultum von Montfort vermittelte.

Ich geriet in einen Strudel aus Schwingungen, in einen stillen, unsichtbaren Orkan aus tellurischen und kosmischen Strömungen, von Formverboten und Flüchen, die vor dem Eindringling bodenlose Gruben auftaten - kurz, allen Strahlungen, die den Menschen im geschlossenen Bereich eines Hauses angreifen und deren Ursprung und Wirkungsweise ich in diesem Buch zu erklären versucht habe. Über dieses Chaos von Kräften aus allen Horizonten projiziert die Erinnerung der Wände gespenstische Bilder.

In diesem engen, gewölbten Raum hatten sich in der Vergangenheit sicherlich Szenen mystischer Scheußlichkeiten abgespielt; vielleicht Menschenopfer, Opferungen von Neugeborenen, wie es die Ergebnisse von "Vorerinnerungs"-Untersuchungen und Experimenten von Medien, die dort durchgeführt wurden, zu belegen scheinen. Auf jeden Fall haben die spirituellen Stürme, die in diesem Raum ausgebrochen sind, ein Ozon hinterlassen, das für moderne Lungen nicht atembar ist.

Ein Tor für Seelen

In der Komturei gibt es mehrere "Reflexionsräume", die fast so stark "aufgeladen" sind wie das Okkultum, aber ihre "Veränderung" ist viel weniger dramatisch, aggressiv und traumatisch für den Besucher.

Nachdem Gérard Couette an bestimmten Stellen, die von den ersten Schimmern der Einweihung gekennzeichnet waren, den schäbigen Belag abgekratzt hatte, der die Wände bedeckte, fand er magische Zeichen und Figuren, die Unterschriften der Ritter, die in diese Räume kamen, um zu meditieren, zu beten, zu bereuen und manchmal unmögliche Dinge zu versuchen. Anhand mehrerer untrüglicher Anzeichen lassen sich ihre Anwesenheit und ihr Einfluss noch immer erkennen. Ist sie freundlich oder feindlich, wohlwollend oder böswillig? Das hängt von den Tugenden des Geistes und den Eigenschaften der lebenden Person ab.

Bisher gab es bei allen Erscheinungen in der Komturei nichts, was meiner Theorie von Geistern und Spukhäusern widersprochen hätte, nichts, was die Idee widerlegt hätte, dass die Schatten, die nachts in der Rüstkammer herumlaufen, Treppen steigen, durch Schlafzimmer gehen, Türen öffnen und Möbel bewegen, "fotografische" Geister sind, die durch die Umgebung "entwickelt" wurden.

Ich finde dies fast durch die Tatsache bestätigt, dass eines der Gespenster die Angewohnheit hat, das Schlafzimmer, das es regelmäßig besucht, zu verlassen, indem es durch die Wand geht, und zwar genau an der Stelle, an der sich einst eine Tür befand, welche inzwischen zu einer ununterbrochenen Trennwand aufgefüllt wurde. Aber selbst, wenn dieses Gespenst nur ein Film aus der Vergangenheit ist, was ich glaube, so besitzt er doch die überraschende Eigenschaft, ein Tonfilm zu sein: Die immaterielle Tür ist deutlich zu hören, wenn sie sich öffnet, um das Gespenst einzulassen.

An der Wand eines der Säle erscheint fast ständig, immer an der gleichen Stelle, rechts neben dem monumentalen Kamin, eine fahle Hand. Auch sie könnte ein "fotografisches" Überbleibsel der Vergangenheit sein, vielleicht eine sichtbare Erinnerung an einen Gefangenen, der lange Zeit an diesem Ort, an einem Handgelenk gefesselt gelitten hat. Wenn dem so ist, haben sich eine Spur und ein Symbol seiner Tortur in dieser geisterhaften Erscheinung erhalten.

Ich bin nun an einem Punkt angelangt, an dem meine Theorie bestimmte Dinge, die in der Komturei beobachtet wurden, nicht mehr absolut zufriedenstellend erklären kann. Sie können keine Sequenzen eines Films aus der Vergangenheit sein, denn sie zeigen einen direkten Zusammenhang zwischen der Erscheinung der Geister und gegenwärtigen Ereignissen. Immer wenn ein Einwohner von Montfort-sur-Argens stirbt, kommt es zu einem außergewöhnlichen Tumult in der Komturei. Lautes Stöhnen und Schritte dringen durch den Geheimgang vom Occultum bis in die Spitze des Ostturms. Es ist, als würden die alten Ritter erwachen, um ihren toten Dorfbewohner zu begrüßen und ihm den Übergang in die nächste Welt zu ermöglichen.

Dies ist die Meinung des Schlossherrn, und sie wird von anderen Weisen geteilt: Die Komturei Montfort dient als Tor für die Seelen, die ins Jenseits eintreten. Dies ist sowohl eine ursprüngliche Funktion als auch ein bleibendes Privileg dieses Gebäudes, das schon immer ein Ort war, an dem "der Geist atmet".

Am Ende dieser Reise, die zur Morgendämmerung führt, fühle ich mich meiner vernünftigen Überzeugungen weniger sicher. Wenn es diese Seelenfährleute gibt, hoffe ich, dass sie mir verzeihen, dass ich an ihrer Realität gezweifelt habe. Damit ich ihnen bei ihrem Aufstieg besser folgen und sie bei ihrer Arbeit besser verstehen kann, würde ich mir wünschen, dass sie mich noch zu meinen Lebzeiten zu einem Ritter des Tempels schlagen!

Ein außergewöhnlicher Fall von "Geruchsspuk"

Niemand ist noch wirklich überrascht, wenn er Gespenster sieht. Wir sind an Spukhäuser gewöhnt. Selbst Geräusche sind nicht mehr beängstigend. Die Lebenden sind mit dem Reich der Toten sehr vertraut geworden. Außerdem reichen Sehen und Hören nicht aus, um Skeptiker zu überzeugen. Selbst wenn sie unerklärlich bleiben, sind diese Phänomene nur die Vororte des Übernatürlichen; sie geben uns nicht das Gefühl, eine andere Ebene der Realität betreten zu haben.

Anders verhält es sich mit Fällen von "duftendem Spuk". Hier haben wir es mit Erscheinungen zu tun, die durch das Unsichtbare verursacht werden und wir nehmen sie nur mit einem unserer Sinne wahr: dem Geruchssinn. Zeugen und Opfer dieser besonderen Form des Spuks sind durch das Eindringen eines olfaktorischen Mysteriums in ihr sensorisches Universum viel mehr betroffen, ja sogar verängstigt, als wenn sie einem Geist, einem Ektoplasma oder einer Erscheinung begegnen würden.

Der Grund dafür ist einfach: Was wir sehen oder hören, kann das Produkt einer visuellen oder auditiven Halluzination sein. Ohne (in der üblichen Bedeutung des Wortes), "wahnsinnig" zu sein, glauben die Menschen sehr oft etwas gesehen oder gehört zu haben, das in Wirklichkeit keine objektive Realität hat; es ist nur ein gewöhnlicher Irrtum der Sinne oder der Ausdruck einer verfeinerten poetischen Sensibilität. Aber wenn ein Geruch wahrgenommen wird, muss er eine Quelle haben; er kommt von irgendwoher. Geruchshalluzinationen sind sehr selten und es ist beunruhigend, von ihnen betroffen zu sein, denn sie sind ein Symptom für geistige Umnachtung, Hysterie oder Epilepsie.

Während einer Fernsehdebatte in der ich einen typischen Fall von "geruchlichem Spuk" beschrieben hatte, musste ich mein Gespräch mit einem Psychiater abbrechen, weil er diesen Einwand erhob und ihn für nicht beantwortbar hielt. Da ich nicht geisteskrank, hysterisch oder epileptisch bin - und das gilt auch für die Dutzenden von Menschen, die das Phänomen erlebt und den Geruch gerochen haben - war eine weitere Diskussion zu diesem Thema nicht möglich.

In einem großen Haus in der Nähe von Valenciennes wird zum Beispiel eines der Schlafzimmer im zweiten Stock durch einen üblen Geruch nach Fäulnis und Tod, der vom Fußende des Bettes aufzusteigen scheint, unbewohnbar gemacht. Er kommt und geht in regelmäßigen Abständen, nach einem Zeitplan, den nur die Person kennt, die ihn verursacht.

Wer ist diese Person? Die Bewohner des Hauses haben einen Verdacht, aber keine Beweise. Was jedoch noch niemand herausfinden konnte ist, wie und auf welchem "magischen" oder natürlichen Weg sich der Geruch im Schlafzimmer verbreitet. Er scheint keine Ursache oder Quelle zu haben. Er ist einfach da, ekelerregend und erschreckend.

In diesem Spukhaus - welches von einem Geruch und nicht von einem Geist heimgesucht wird - lebt eine typische französische Mittelklassefamilie. Der Vater, ein Fabrikmanager, ist ein Rationalist, der wenig Neigung verspürt, an den Einbruch des Übernatürlichen in sein Alltagsleben zu glauben. Vergeblich versuchte er, die wahre Quelle des Geruchs zu finden: eine tote Ratte, ein Gasleck, ein Loch in einem Abflussrohr. Der Boden wurde Brett für Brett abgetragen, abgeschliffen, desinfiziert und schließlich durch einen neuen ersetzt. Der Geruch hielt an. Dann wurde die Decke auseinandergenommen, ohne dass etwas Verdächtiges gefunden wurde. Schließlich waren die Wände an der Reihe: Sie wurden aufgebrochen, sorgfältig untersucht und neu verputzt. Kurzum, jeder Quadratzentimeter des Raumes wurde inspiziert und renoviert, doch der Geruch blieb.

Die Hausherrin, weniger rationalistisch als ihr Mann, bat den Gemeindepfarrer den Fluch mit Segnungen und Sakramenten zu neutralisieren, aber er hatte keinen größeren Erfolg als die Zimmerleute, Stuckateure und Maler.

In ihrer Verzweiflung wandte sich die Familie an Hexer, Wünschelrutengänger, Exorzisten, Seher, Wahrsager und andere Beschwörer unsichtbarer Kräfte und Erforscher des Unbekannten. Schließlich mussten sie alle ihre Niederlage eingestehen. Sie waren weder in der Lage den Geruch verschwinden zu lassen, noch sagen zu können, woher er kam, wie er ins Schlafzimmer gelangte oder wer dafür verantwortlich war.

Nachdem ich das Problem selbst untersucht hatte, kann ich, wenn schon keine Lösung, so doch zumindest eine vorläufige Erklärung geben.

Die Mitglieder der Familie sind sich über den Ursprung des Fluchs einig: Sie sagen, dass eine bestimmte Frau einen Groll gegen sie hegt und sie beschuldigen sie, entweder selbst einen Fluch ausgesprochen zu haben oder ihn von einer Hexe ausführen gelassen zu haben.

Ich glaube an die ruchlose Form der psychischen Aggression, die als schwarze Magie bekannt ist, weil ich ihre Auswirkungen auf wehrlose Opfer zu oft gesehen habe. Aber in diesem Fall ist die Manifestation der bösartigen Kraft ungewöhnlich: ein Geruch, der von allen gerochen wird, nicht nur von denen, für die er bestimmt ist. Es handelt sich also nicht um eine subjektive Empfindung, sondern um eine objektive Tatsache, um eine Realität.

Wie kann dann der Geruch aus dem Nichts entstehen? Der Geruch von Veilchen oder Rosen ist ein Symptom der Heiligkeit, eine gültige Vermutung für eine himmlische Präsenz. Im Gegensatz dazu deutet Schwefel- oder Fäulnisgeruch auf eine teuflische Erscheinung hin. Es gibt jedoch keinen plausiblen Grund, warum der Teufel das Bedürfnis haben sollte, in diesem Haus inmitten dieser ehrlichen christlichen Familie spektakulär zu intervenieren. Der Geruch muss also das Ergebnis einer magischen Operation sein, die von einem lebenden Menschen durchgeführt wurde. Die einzige Frage ist, wie der Hexer oder die Hexe aus der Ferne einen Raum so stark beeinflussen kann, dass dort die Luft nicht mehr geatmet werden kann.

Ich kann zwei Hypothesen aufstellen. Die erste ist geophysikalischer Natur: Da eine Bruchlinie kompensierter Kräfte durch das Haus verläuft, ist es möglich, dass Trägerwellen, die von der unterirdischen Strömung kommen, weit flussaufwärts mit abscheulichen Emanationen aufgeladen wurden, die - moduliert durch eine magische Frequenz - auf das Schlafzimmer gerichtet sind, welches als Resonanzraum wirkt.

Die zweite Hypothese stützt sich auf die allgemeinere Vorstellung eines Relais für Flüssigkeiten, das im Haus gesucht werden muss. In der Familie gibt es heranwachsende Kinder und Heranwachsende sind psychomotorische Zentren, die sehr anfällig für die Ausstrahlung von abstrakten Wellen sind. Es ist möglich, dass sie unbewusst als Relais dienen und die empfangenen Emissionen in die ihnen vorgeschlagene Richtung weiterleiten.

Vielleicht gibt es eine dritte und befriedigendere Hypothese. Ich überlasse sie denjenigen, die sich für dieses Geheimnis interessieren.

Zerbrochene U-Bahn-Fenster

"Geruchsspuk" ist die beunruhigendste und unangenehmste Art von Spuk, die ein Haus heimsuchen kann. Ein unausrottbarer Geruch, dessen Quelle übernatürlich ist, kann einen schließlich in den Wahnsinn treiben, während man sich früher oder später immer an einen Geist jeglicher Art gewöhnt.

Das ist die Meinung von Paco Rabane, einem wissbegierigen Kunsthandwerker der Pariser Haute Couture, dessen Geschäft in der Rue du Cherche-Midi im ehemaligen Herrenhaus von d'Artagnan liegt. Er wohnt, wie er mir erzählt, in einer Wohnung auf dem Boulevard Saint-Germain, die vom Geist eines freundlichen, wohlwollenden Priesters heimgesucht wird, welcher Türen öffnet und die Vertrautheit manchmal so weit treibt, dass er einem Gast die Hand auf die Schulter legt.

Die Idee, dass ein Mann wie Paco Rabane Geister zähmt, ist nicht überraschend. Er lebt mit einer ständig auf das Jenseits gerichteten Antenne. Vielleicht kommen ihm daher die Entwürfe für die Kleider, die die Tradition so sehr beunruhigen. Eine Anekdote wird die spirituelle Gewalt dieses prädestinierten Basken besser verdeutlichen als irgendeine psychologische Analyse.

"In den Tagen, als ich noch arm wie eine Kirchenmaus war", erzählte er mir einmal, "begann ich einmal mit unglaublicher Intensität in der U-Bahn auf der Linie Porte des Lilas zu beten, ohne irgendetwas um mich herum wahrzunehmen. Als die U-Bahn am Ende der Linie angekommen war und alle ausstiegen, wurde ich plötzlich aus meinem Gebet herausgerissen. In diesem geschlossenen Raum, in dem mein Gebet eine abnorme Spannung erzeugt hatte, erfolgte der Druckabfall so abrupt, dass er eine Art Explosion verursachte: alle Scheiben des Wagens, in dem ich saß, gingen zu Bruch.

Rainer Maria Rilke verkehrte in den letzten Jahren seines Lebens im Dorf Muzot in der Schweiz mit einem liebenswürdigen Geist. Er wohnte in einem alten Turm, der ein Überbleibsel eines Schlosses war, das vier Jahrhunderte zuvor Schauplatz der tragischen Liebe von Isabelle de Chevron gewesen war.

Diese edle Dame heiratete 1514 Lord Jean de Monthey. Das Glück des jungen Paares währte nur ein Jahr. Monthey zog in den Krieg und wurde in der berühmten Schlacht von Marignano getötet. Sein Leichnam wurde zu seiner Witwe ins Chateau de Muzot gebracht.

Isabelle trug ihren Kummer mit Beständigkeit und Würde, aber da sie schön, gut und reich war, hatte sie bald viele Verehrer. Zwei von ihnen waren so heftig in sie verliebt, dass keiner den Gedanken ertragen konnte, der andere könne sie eines Tages gewinnen. Sie töteten sich gegenseitig im Zweikampf.

Isabelle konnte sich mit dem Tod der beiden nicht abfinden. Sie wurde verrückt. Ihre Schönheit überlebte ihre Vernunft bis zum tragischen Ende ihres Lebens.

Sie hatte die Angewohnheit, jede Nacht ihr Schloss zu verlassen und zum nahen gelegenen Friedhof von Miége zu gehen, wo ihre beiden Verehrer Seite an Seite begraben waren. Dort blieb sie bis zum Morgengrauen, weinend und betend, vor den beiden Gräbern auf dem Boden liegend. Dort wurde sie eines Morgens gefunden, gestorben vor Kälte und Liebe.

Doch ihr Geist kehrte nicht auf den Friedhof zurück, sondern in den Turm von Muzot. So hatte sie das Glück, in die Gesellschaft eines Dichters zu kommen, der so eloquent von der Liebe sprach wie kein anderer, der je gelebt hat; einem Dichter, der das einzigartige Privileg hatte, von einem Rosendorn getötet zu werden[3] ; einem Dichter, der in den zwei Zeilen, die heute auf dem Friedhof von Raron in der Schweiz als sein Epitaph dienen, diese schöne, geheimnisvolle Hommage an die Blume schrieb, an der er sterben sollte:

---

[3] Die Annahme Rainer Maria Rilke sei durch die Verletzung gestorben, die ihm einen Rosendorn zugefügt hatte, ist zumindest etwas romantisch verbrämt. Rilke litt tatsächlich - wie leider erst kurz vor seinem Tod diagnostiziert wurde - an Leukämie.

Rose, oh reiner Widerspruch, Lust, Niemandes Schlaf zu sein unter so vielen Lidern.